1980년대 한미 통상협상

1985년 301조 사례를 중심으로

한국외교협상사례 총서 6

1980년대 한미 통상협상

1985년 301조 사례를 중심으로

초판 1쇄 발행 2020년 12월 30일

지 은 이 임혜란
발 행 인 한정희
발 행 처 경인문화사
출판번호 406-1973-000003호
주소 (10881) 경기도 파주시 회동길 445-1 경인빌딩 B동 4층
전화 031-955-9300   팩스 031-955-9310
홈페이지 http://www. kyunginp.co.kr
이메일 kyungin@kyunginp.co.kr

ISBN 978-89-499-4942-0 94340
      978-89-499-4940-6 (세트)

국립외교원 외교안보연구소
외 교 사 연 구 센 터

1980년대 한미 통상협상

1985년 301조 사례를 중심으로

임혜란

경인문화사

간행사

해방과 함께 전쟁과 분단을 겪었던 한국은 냉전 구도 속에서 세계화와 다변화를 통해 전쟁의 폐허를 극복하고, G-20 국가 중 하나로 성장하였습니다. 이에 발맞춰 한국 외교는 분단을 극복하기 위하여 다양한 외교 현장에서 국익을 확대하고, 국제적 위상을 제고하였습니다. 이런 맥락에서 한국 현대 외교사는 냉전과 분단의 극복을 위한 세계화와 다변화 외교를 모색한 과정이었다고 할 수 있습니다.

한국 현대 외교사의 정리 작업의 일환으로 국립외교원 외교안보연구소 외교사 연구센터는 2018년부터 「한국외교 협상사례연구」를 시작하였습니다. 본 연구는 1948년 대한민국 정부 수립 이후 주요 외교협상 사례의 배경, 주요 쟁점, 전략, 과정, 성과와 후속 조치 등을 체계적으로 서술함으로써 외교관후보자 교재 및 현직 외교관의 업무용 자료로 활용하는 한편, 유사한 협상사례에 관한 정책적 함의를 도출하는 데 그 목적이 있습니다.

이를 위해 본 센터는 학계 전문가들로 구성된 기획편집위원회의 자문을 받아 1948년부터 2018년까지 대한민국의 주요 외교협상사례 100건을 선정하였으며, 이를 바탕으로 매년 5책 내외의 『한국외교협상사례 총서』를 순차적으로 발간할 계획입니다. 본 총서가 소기의 목적을 달성하고, 더 나아가 한국 현대외교사 연구를 심화하고 외교관 및 국민들의 이해를 넓히는 계기가 될 수 있도록 많은 관심과 격려를 부탁드립니다.

2020년 12월
국립외교원장 김준형

1980년대의 통상협상 연구는 그 중요성에도 불구하고 학문적 주목을 받지 못했다. 이는 통상협상 외교문서가 30년 지난 후에야 비로소 공개된 이유도 있지만 당시에는 사실 미국과 일본 간의 갈등이 주요 이슈였기 때문이다. 1980년대는 미국이 일본과의 관계에서 상대적 힘의 하락을 경험한 시기이다. 한국을 비롯한 신흥공업국에 대한 통상압력은 사실상 일본과의 힘겨루기를 위한 압력수단이라고 볼 수 있다. 미일 무역갈등은 1980년대에 극에 치달았으며, 이는 오늘날 미국이 중국과 상대로 벌이고 있는 패권경쟁 양상과 흡사하다. 그런 점에서 1980년대의 한미통상협상 연구는 현재를 이해하고 미래를 준비하는데 중요한 연구가 아닐 수 없다.

1980년대 미국은 점차 늘어나는 무역적자 문제를 해결하기 위해 다자주의, 양자주의, 지역주의를 상호자극제로 활용하였다. 1985년 301조 한미통상협상에서 지재권협상은 추후 UR 다자간 협상인 1994년 TRIPs의 원형으로 기능했다. 당시 한국의 통상협상 담당자는 한국의 지재권보호 수준에 비하면 협상타결은 획기적인 결정이었다고 한다. 한국정부는 불공정무역국 지정이라는 오명은 피해야 한다는 절박함에 의해 타결에 동의하였으며 결과적으로 한국은 여타 경쟁국에 비해 10년 빠른 지식기반경제로의 이행이 가능하게 되었다고 자평한다.

외교문서를 통해 통상이슈를 둘러싼 관료 내부의 다양한 견해 차이와 이를 조율해나가는 과정, 그리고 사회적 이해당사자들의 상충되는 견해를 정책간담회에서 어떻게 조정해 가는지 파악할 수 있었다. 언론기사가 당시의 전반적인 여론 및 다양한 집단의 견해를 밝혀주기도 했지만, 외교문서 회의록을 통해 협상과정과 정책결정 과정에서 드러나는 정책결정 담당자들의 갈등적 견해, 그리고 의견의 변화과정을 좀 더 자세히 살펴볼 수 있었다.

이 연구를 진행하면서 저자는 그동안 우리나라의 통상협상에 대해 피상적 이해와 편견을 가지고 있었음을 깨닫게 되었다. 사실 저자는 1985년 301조 협상 결과 우리나라가 다 내준 것이 아닌가 하는 생각에 당혹감을 감출 수 없었다. 그러나 당시 협상 전쟁터를 뛰어다녔던 정책담당자들을 직접 찾아뵙고 말씀을 듣고 나니 그 열악한 상황에서 그 정도 성과를 거둔 것은 최선이었다는 생각이 들었고, 그분들의 헌신과 고초를 진심으로 느낄 수 있었다.

이 자리를 빌어 흔쾌히 인터뷰에 응해주신 한영수 전 상공부 통상정책과장님, 김철수 전 상공자원부 장관님, 김기환 전 해외협력위원회 단장님, 이동휘 전 외무부 경제외교자문관님, 최혁 전 외무부 통상정책과장님께 존경과 감사를 드린다. 아울러 이 연구를 진행하는 과정에서 도움을 아끼지 않은 편집자문위원회 선생님들, 국립외교원 외교사연구센터의 이상숙 교수, 그리고 정종혁 연구원께 깊은 감사의 마음을 전한다.

2020년 12월 10일

임혜란

차 례

| 표 |

범 례

1. 본 총서는 한국외교협상사례 기획편집위원회가 선정한 『한국 100대 외교협상사례』에 기초하여 협상의 배경
   과 중요 쟁점, 전개과정과 협상전략, 후속조치와 평가 등을 서술한 것이다.

2. 본 총서의 집필자 추천 및 원고 심사는 한국외교협상사례 기획편집위원회가 담당하였다. 본 위원회의 구성
   은 다음과 같다.
   위원장   신욱희(서울대학교)
   위   원   신종대(북한대학원대학교)
   위   원   안덕근(서울대학교)
   위   원   우승지(경희대학교)
   위   원   정병준(이화여자대학교)
   위   원   조양현(국립외교원)
   위   원   홍석률(성신여자대학교)

3. 본 총서는 각 협상사례를 상대국 및 주제에 따라 총 7개의 클러스터로 분류하였다. 각 클러스터는 책등 및
   앞표지 상단의 사각형 색으로 구분하였다.
   1) 한반도(황색)
   2) 미국(주황색)
   3) 일본(자주색)
   4) 중국, 러시아(보라색)
   5) 유럽, 제3세계(남색)
   6) 국제기구, 환경(녹색)
   7) 경제통상(연두색)

4. 부록에는 협상의 관련 자료 및 해제와 연표 등을 수록하였다.

　　1) 관련 자료에는 한국, 협상상대국, 제3국의 외교문서 원문 및 발췌문, 발표문, 언론보도 등을 수록하였다.

　　2) 자료의 제목, 공식 문서명, 발신일, 수록 문서철, 문서등록번호, 기타 출처 등은 부록 서두에 목록화하였다.

　　3) 자료 해제에는 각 자료의 배경, 요점, 함의 등을 간략히 기술하였다.

　　4) 연표에는 주요 사건의 시기와 내용, 관련 자료 등을 표기하였다.

　　　(예)

시기	내용
1950. 10. 7.	유엔총회 UNCURK 창설 결의
[자료 1] "Resolution 376 (V) Adopted by the General Assembly"	

　　5) 자료의 제목은 공식 문서명을 기재하는 것을 원칙으로 하되(예: "Telegram from the Embassy in Korea to the Department of State") 편의상 자료의 통칭 등을 기재하기도 하였다(예: "닉슨 독트린").

　　6) 자료는 원칙적으로 발신일을 기준으로 나열하되, 경우에 따라 협상 단계 및 자료간 연관성 등을 고려하여 배치하였다.

| 개요 |

본 연구는 1980년대 한미 통상협상 사례연구로 1985년 301조 협상에 초점을 두고 있다. 미국은 1980년대에 들어서면서 무역수지의 악화, 경쟁력의 약화, 미국 경제의 상대적 우위의 실종 등 전반적인 문제점들이 증폭되자, 미국 사회뿐만 아니라 의회 내에서 보호주의 요구가 증가하게 되었으며 의회의 포괄적 무역정책에 대한 주도적 역할이 강화되었다. 미국 내 무역 구제를 위한 청원은 1981-85년 사이 1970년대의 배로 증대하였고, 미국은 선진국인 일본뿐만 아니라 한국, 대만과 같은 개도국에 대해서도 수입규제정책 및 일방적 시장 개방정책을 실행하였다. 1982년 GATT 회의에서 유럽이 농업자유화를 반대하고 인도 등 개도국들이 서비스 자유화를 반대함에 따라 미국은 GATT에 대해 실망하게 되었다. 이후 미국은 무역 적자 문제의 해결을 위해 GATT의 무차별원칙 대신 상호주의로 전환하였다. 이는 1988년 종합무역법, 슈퍼 301조의 입법화를 가져왔으며 시장 개방을 위한 강력한 수단으로 활용되었다.

한국은 1982년 미국에 대해 처음 흑자를 내기 시작하여 1988년에 100억 달러의 대미 무역 흑자를 내게 된다. 이 시기에 이르면 NICs에 대한 중진국 책임론이라는 것이 세계무역에서 대두되기 시작하였다. 1984년을 전후로 미국은 한국에 대해 일반상품의 시장 개방을 강력히 요구하였고 이후 서비스시장 개방과 지적소유권 보호를 요구하였다. 1983-85년 사이 진행된 한미 지식재산권 보호와 관련한 협의 과정은 수차례 결렬되기도 했다. 미국의 지재권 보호 요구에 대해 한국 정부 내 부처들은 지재권을 보호해야 한다는 일반적 원칙에는 동의하였으나, 보호 시기와 관련해서는 부처 간에 다양한 이견이 있었다. 양국의 사전적 협의와 노력에도 불구하고 레이건 대통령은 미 통상법 제301조를 발동해 1985년 9월 및 10월 보험분야와 지식재산권 분야에 대한 불공정 관행 조사를 지시하였다.

상대적으로 원만하게 이루어진 보험 관련 협상과는 다르게 지식재산권 협상은 초반부터 교착 상태가 반복되었다. 지식재산권 협상의 최대 쟁점 사항은 소급효 인정 여부였다. 소급효 인정은 불가능하다는 한국 정부의 강경하고 단호한 입장과 소급효 인정은 무조건 관철되어야 한다는 미국 측의 주장이 뚜렷이 대립되었다. 미국 측이 지속적으로 그 입장을 굽히지 않자 한국 측은 결국 소급효를 인정해주는 방향으로 입장을 변경하였다. 미국 측은 소급효 문제 다음으로 소프트웨어가 가장 중요하다며 저작권과 같은 수준의 보호를 보장받기 위해 저작권과 소프트웨어의 단일 입법을 주장하였다. 그러나 이후 한국 측 입장을 반영한 절충안으로 단일 입법 주장을 포기하고 별개 입법을 하되, 저작권과 동일한 수준의 보호를 보장하고 문화공보부와 과학기술처의 합동 시행을 요청하였다.

당시 국내의 이해당사자들은 지재권의 주요 쟁점을 둘러싸고 다양한 이견을 보였으나 부정적 견해가 주를 이뤘다. 이러한 분위기를 반영해 협상 과정에서 일부 양보를 받고 절충이 이루어지기도 하였다. 수차례의 협상을 거치고

1986년 7월 21일 한국 측 실무단이 지식재산권 301조 최종 협상을 위해 미국을 방문하였을 때 미국 측은 갑자기 컴퓨터 소프트웨어 소급 보호 5년을 추가로 요청하며 이를 수용하지 않을 시 협상이 중단될 것이라며 강경한 입장을 표명하였다. 한국 측은 매우 곤란한 상황에 처했지만, 7월 중순까지 협상을 타결하겠다는 방침을 이미 대통령에게 보고한 터라 어쩔 수 없이 이를 그대로 수용하였고 협상이 최종적으로 타결되었다.

1980년대 301조 협상 과정에서 한국 정부는 수세적, 방어적 특성의 연성적 협상 전략을 선택하였다. 미국시장은 한국 수출의 39%를 차지하고 100억 달러에 달하는 흑자를 내고 있는 최대 시장이라는 점에서 이를 지키는 것이 한국의 이익이라고 판단하였다. 한국 정부는 불공정무역국으로 지정되는 것을 '오명'이라고 생각했으며 이것만은 피해야 한다는 입장이었다. 301조 협상 과정에서 한국 정부는 GSP 수혜 중지와 지식재산권 보호 압력의 이슈는 연계되어 있었다고 우려하였다. 미국의 지속적 요구에 한국 측은 물질특허보호, 행정지도를 통한 소급 보호 등 국제 수준을 넘어서는 보호 조치를 수용하게 된다. 대신 미국의 과도한 요구를 수용한 데 대한 반대급부로 미국이 한국에 대한 GSP 공여 연장이나 시카고 운항권 허용, 섬유 수출쿼터 증량 중 최대한 한 가지는 서면으로 보장해야 한다고 대응하였다. 그러나 반대급부로 요구했던 사항은 얻어내지 못하였다. 또한, 한국 정부는 미 상원 청문회가 예정된 7월 22일 이전에 지재권 문제를 타결한다는 방침을 세우고 언론 발표문을 국내 언론에 배포해 놓고 있었다. 이러한 사실을 알게 된 미측이 이를 약점 삼아 전혀 논의되지 않았던 컴퓨터 소프트웨어 소급 보호와 행정지도에 관한 문안의 강도를 높일 것을 요구한 것이다.

1980년대 한국의 통상협상역량의 수준은 상당히 미흡한 실정이었다. 당시 한국은 협상 경험도 적고 협상 전문가도 부족했으며, 협상 시스템의 열악한 상황으로 인해 원하는 건 다 들어줄 수밖에 없었다. 이에 반해 미국은 강성 협상 전략과 이슈 연계 전략을 사용하였다. 미국은 기회 있을 때마다 301조 협상의 지재권 문제와 GSP 문제를 연계하여 한국이 미국의 지재권을 보호해주지 않을 경우 GSP 수혜를 철폐시킬 것이라는 압력을 가해왔다. 그러나 지재권 협상이 타결된 이후에도 GSP 지위는 연장되지 않았다. 미국은 협상 전략에 있어, 다자주의, 지역주의, 양자주의를 상호자극제로 이용한 것이었다.

　　1986년 미국과의 지식재산권 협상 타결은 우리의 지식재산권 제도와 의식을 여타 경쟁국에 비해 10년 앞당기는 결과를 가져왔으며 한국 경제구조가 지식기반경제로 이행하는데 도움이 되었다고 평가되기도 한다. 또한, 한미 지재권 협상 타결은 사실상 UR 다자간 협상인 1994년 TRIPs의 원형으로 기능하기도 하였다. 그러나 301조 협상 과정에서 한국의 협상 전략과 협상 역량을 평가해보면 아쉬운 점이 많다. 미국 정부의 301조 협상결과가 예상 밖의 성과를 내자 이는 이후의 슈퍼 301조를 입법화하는데 큰 동력을 제공하였다. 한국 정부가 수세적 협상 전략을 택하게 된 주된 동기는 불공정무역국이라는 오명을 피해야 한다는 데 있었다. 한국 정부의 목표대로 불공정무역국으로 지정되는 것은 피할 수 있었다. 그러나 이후 우선협상국으로 오른 국가들이 실질적인 보복을 당하지 않았다는 점에 비추어 볼 때, 301조 협상 과정에서 한국이 원칙협상 전략을 택했더라면 어떤 결과를 가져왔을지 재고해볼 필요는 있다.

　　1980년대는 한국이 본격적으로 국제통상체제에 편입된 시기이며, 한국의 통상협상체제를 발전시킬 수 있는 시기였다. 한국 통상체제의 분산적 특성상 통상협의를 놓고 어느 부처가 대표를 맡을 것인가를 놓고 영역 싸움을 해왔다. 분산적 통상체제에서는 다양한 부처간 이견을 어떻게 조정할 것인가의 문제가 중요한 과제로 남는다. 최근 미중 무역전쟁에서 볼 수 있듯이 통상협상은 안보와 경제 등 모든 영역이 통합적으로 상호작용하는 틀 내에서 진행되고 있으며, 그런 점에서 한국의 통상체제의 재정비는 추후 중요한 과제로 남는다고 할 수 있다.

1980년대 한미 통상협상

1985년 301조 사례를 중심으로

Ⅰ. 서 론

1. 협상 사례 연구의 의의

미국 경제는 1960년대 말부터 쇠퇴하기 시작하더니 1980년대에 들어서면서 쇠퇴의 속도가 한층 가속화되었고, 이는 악화된 무역 적자로 반영되었다. 무역 적자는 1985년에 1,500억 달러에 육박했고, 이에 따라 레이건(Ronald W. Reagan) 행정부의 무역정책이 비판받게 되면서 사회와 의회 내 반자유주의 세력의 영향력이 증가하게 되었다. 미국은 무역 흑자국인 일본뿐만 아니라 한국, 대만과 같은 개도국에 대해 수입규제 정책 및 일방적 시장 개방 정책을 실행하였다. 1980년대 미국은 무역 흑자국을 대상으로 다양한 보호무역 정책을 실시하였는데, 시장 개방을 위한 301조 또는 슈퍼 301조 정책이 대표적이다.

1980년대 한미 무역 통상협상에 대한 연구는 다음의 세 가지 점에서 분석의 의의가 있다. 첫째, 최근 미국과 중국이 벌이고 있는 무역전쟁은 새로운 현상이 아니며 1980년대 미국이 일본과 한국 등에 대해 벌인 보호무역 정책과 일정 정도 맥을 같이한다고 볼 수 있다. 미국은 중국이 미국 패권에 도전하는 형국을 보이자 안보를 이유로 보호무역 정책을 실시하여 세계경제를 무역전쟁으로 이끌어가고 있다. 1980년대 미국 역시 일본이 부상하고 일본 및 개도국을 대상으로 무역 적자가 지속적으로 급증하자 보호주의 무역정책을 펴게 되었다. 그러나 1980년대 미국은 보호주의 무역정책을 추구하면서도 우루과 이라운드 협상을 병행하여 1990년대의 WTO 체제로 이행했다는 점을 주목할 필요는 있다. 오늘날 미국은 WTO 체제를 불신하며 공격적 보호주의, 자국 우선주의에 의존하고 있어 우려의 목소리가 크다. 그럼에도 1980년대의 정치 경제적 상황에 대한 연구를 통해 오늘날 미중 무역전쟁의 배경과 전망에 대한 함의를 이끌어내 볼 수 있다.

둘째, 미국이 1980년대 보호주의적 무역정책을 시행한 데에는 패권국인 미국 경제의 상대적 하락이라는 거시적 요인이 작용했다. 그러나 미국의 통상정책의 변화는 국내 이해집단의 압력, 행정부와 의회관계의 제도적 요인, 그리고 보호주의 외의 수정주의, 자유주의 이념의 경쟁적 요인에 의해 영향을 받는다. 미국 통상정책에 대한 이론적 이해가 우선되어야 미국 통상정책의 추진 배경과 의도를 이해할 수 있으며 향후 변화에 미리 대응할 수 있을 것이다. 1980년대 한미 통상협상 사례에 대한 연구는 미국이 왜 301조와 같은 강경한 보호주의 정책을 시행했는지, 그러한 정책적 레버리지는 협상 과정에서 협상 타결을 이끌어내기 위한 압력(pressure) 수단으로 사용된 것인지, 아니면 시장 개방을 위해 보복 조치를 실행하기 위한 실질적 정책으로 제시된 것인지, 미국의 국내 정치와 제도적 역할에 대한 이해를 통해 살펴볼 수 있을 것이다.

셋째, 1980년대는 한국이 한미동맹체제라는 외교관계의 틀 내에서 수출 주도 산업화 전략을 통해 경제 성장을 지속한 시기이며, 그리고 국내적으로는 민주화의 격동기를 경험한 시기이다. 또한 1980년대는 한국이 GSP 지위에서 벗어나 공정무역체제의 특징을 보이는 국제통상체제로의 편입이 진행되었던 시기이다. 이러한 변화 속에서 한국은 본격적으로 미국의 일방적, 공세적 통상협상의 도전을 받았다. 성공적인 통상협상이 가능하려면 안정적 통상체제가 정립되어야 했다. 그러나 당시 한국의 통상시스템은 통상협상을 위해 필요한 정보 조달, 언어, 협상 전문가의 수준이 매우 열악한 상황이었다. 이런 열악한 환경 속에서도 협상을 완결한 1980년대의 경험은 효율적인 통상체제를 수립하는 데 중요한 함의를 제시할 수 있으며, 또한 시대별로 변화하는 국내외의 정치경제적 제약과 도전을 이해하는 데도 유효할 것이다.

2. 협상 사례의 특징

한미 협상 사례의 가장 큰 특징은 불균등한 힘의 차이가 존재한다는 점이다. 미국은 한국의 안보동맹국이자 주요 수출대상국이다. 패권국과 개도국의 위치에 있는 두 나라가 협상 테이블에 앉았을 때 협상력의 차이는 불을 보듯 뻔하다. 한미 협상 사례의 특징으로 한미동맹과 한미통상과의 연계여부, 한미통상 마찰은 미일 통상협상을 자극하기 위한 수단, 큰 내수시장을 갖고 있는 패권국과 수출의존적인 개도국, 일방적 공세적 협상 전략과 수세적 전략, 의회중심형 통상체제와 행정부 중심의 통상체제, 강력한 협상부처인 USTR의 존재와 협상주무부처의 부재, 다양한 협상 카드와 협상 카드 및 논리의 부재와 같은 대조적 특성을 제시해 볼 수 있다.

첫째, 한미통상은 한미동맹과 연계되어 있다고 볼 수 있다. 1980년대 한미관계에서 가장 중요한 것은 안보적 고려였다.[1] 한미 통상협상은 한미동맹의 구조 속에서 작동되는 것으로 무역 마찰의 경우 한미동맹에 해가 될 정도로는 아닌 선에서 미국의 협상 강도가 조정되었다.[2] 그렇다면 미국 통상정책과 한미동맹은 어떤 연계가 있는가? 미국은 경제적 힘이 우세할 경우 통상 이익을 포기하면서 안보 이익을 우선시하나, 패권이 하락하는 경우에는 안보와 통상 이익을 별개로 추구하는 경향이 있다(Mastanduno 1998). 1980년대 미국은 패권이 상대적으로 하락하면서 무역 적자가 커지자 이들 국가에 대해 수입 규제와 수출시장 개방 압력이라는 일방적 무역정책을 실행하였다. 한국은 미국과의 한미동맹관계라는 구조를 믿고 통상 마찰의 수위가 조절될 것으로 기대했다. 그러나 1980년대에 이르면 이러한 기대는 사라지고 미국은 안보관계와는 별개의 통상 압박을 가해왔다. USTR은 특히 한미동맹관계와 통상 이익을 별개로 추구하였으며, 그에 비해 한국의 외무부는 다소 연계적 전략을 내비치기도 했다.[3] 즉 한국은 한미동맹관계 유지를 위해 통상협상 타결을 강조하는 온건파적 결정이 주를 이룬 경우가 많았다.

둘째, 한미 통상 마찰은 한일 통상협상을 자극하기 위한 수단, 다른 나라에 대한 선례로 활용하기 위한 자극제라는 좀 더 큰 목적이 있었다. 한국에 대한 실질적 협상의 의미는 사실상 그리 크지 않았으며, 자동차와 조선 등은 1990

1　인터뷰 최혁 당시 외무부 통상정책과장, 2019. 9. 6. 1980년대 한미관계의 핵심은 안보였으며, 청와대를 비롯하여 외무부 역시 안보적 고려를 우선하였다. 당시 한미관계는 그런 점에서 특수관계였음을 인식할 필요가 있다고 강조하였다.

2　인터뷰 이동휘 국립외교원 명예교수, 1985-1987년 외무부 경제외교자문관. 2019. 7. 25.

3　인터뷰 한영수 당시 상공부 통상과장, 2019. 6. 25. 외무부는 다른 부처에 비해 가장 온건한 입장을 제시하였다. 이들은 외교적 관계를 고려하여, 웬만하면 싸우기보다는 원만히 빨리 해결하자는 입장을 보였다고 한다.

년대에 본격적으로 논의되었다.[4] 이러한 주장은 다음과 같은 사실에 기반한다. 1988년 대미국 무역수지 흑자국 중에서 1위는 일본(554.4억 달러)이고, 그 다음이 대만(141.3억 달러), 서독(130.9억 달러), 캐나다(105.7억 달러), 한국(99.2억 달러) 순이다. 그 전년도에 비해 대미 무역수지 흑자 감소 노력이 가장 미흡했던 나라는 중국(흑자 증가 18.2퍼센트)이고 그 다음이 브라질(13.0퍼센트), 싱가포르(1.1퍼센트), 한국(0.3퍼센트) 순이다. 이와 같이 무역수지의 절대적 수치로 보거나 또는 상대적 추이로 보더라도 한국이 불공정 무역의 최우선 협상대상국이 되어야 할 무역구조적 이유를 찾아볼 수 없다.[5] 미국의 무역수지 총 적자 중에서 한국이 차지하는 비중은 7퍼센트에 불과하며 일본은 40퍼센트에 이른다는 점에서, 일본을 제치고 한국이 우선협상대상국에 지정될 근거를 찾는 것은 쉽지 않다. 그럼에도 미국은 한국을 대상으로 공격적 시장 개방 압력을 지속한 바 있으며 이는 다른 나라에 대한 선례로 활용하기 위한 것이라고 할 수 있다.[6]

셋째, 패권국인 미국은 큰 내수시장을 갖고 있다. 물론 미국의 무역 의존도는 심화되었다. 세계경제에 대한 미국 경제의 의존도는 1920년대에서 1970년대에 이르는 기간 10배로 증가하였다.[7] 1970년대 초에 이르러 미국의 수입과 수출은 국내 총소비와 국내 총생산의 20퍼센트에 달하게 되는데, 이러한 추세는 1980년대 초까지 더욱 가속화되었다. 10년간 수출이 배가되어 수입과 수

---

4 인터뷰 이동휘 국립외교원 명예교수, 1985-1987년 외무부 경제외교자문관. 2019. 7. 25.

5 매일경제 1989. 4. 20. '우선협상국 될 이유없다.' 차화준.

6 인터뷰 김철수 전 상공부 제1차관보, 슈퍼 301조 수석대표, 2019. 7. 9. 1989년 김철수 전 수석 대표는 당시 협상 타결 이후 미국 협상 실무자에게 남좋은 일만 시킨 것 아니냐고 물었으나, 미국은 그럴 수밖에 없는 대내외적 상황이었다고 답했다고 한다.

7 Milner, 1988, 26-28쪽

출의 점유율이 각각 25퍼센트에 달하게 되었다. 그런 점에서 미국내에도 자유주의 정책을 지지하는 세력이 거대 다국적 기업과 농업 및 첨단산업 중심으로 형성되었다. 그럼에도 큰 내수시장을 갖고 있는 패권국가인 미국은 통상협상 테이블에서 수출 의존도가 매우 높은 개발도상국보다 협상 과정에서 우위를 점할 수 있다.

넷째, 한미 통상협상의 또 다른 특징은 미국은 일방적, 공세적 통상 전략을 취했던 것과 달리 한국은 방어적, 수세적 협상 전략으로 일관하는 것이다. 한국은 수출 의존도가 매우 높은 국가이기 때문에 수입을 하지 않으면서 수출만 할 수는 없었다. 1980년대 한국은 더 이상 미국의 시장 개방에 대한 통상 압박에 대응할 적절한 협상 논리를 찾기 어려웠다. 당시 한국 정부 내에서도 미국의 통상 압력은 '공정무역'과 '상호주의' 관점에서 이해할 수 있다고 보는 의견도 적지 않았다.[8] 그러나 1980년대 한국의 현실은 수세적 입장일 수밖에 없었다. 협상은 주고받는 것이라고 하지만, 당시 한미 통상협상은 수세에 몰린 한국이 주지 못할 것은 무엇이며, 줘야 하는 경우 얼마나 늦게 줄 것인지의 시간벌기가 핵심적 전략이었다.

다섯째, 미국은 의회중심적 통상체제이며 한국은 행정부 중심 통상체제이다. 미국 무역정책의 전권은 의회에 있다. 미국은 역사적으로 의회가 행정부에게 얼마나 무역과 관련된 재량권을 부여하는가의 제도 변화에 따라 보호

---

8 인터뷰 최혁 당시 외무부 통상정책과장, 2019. 9. 6. 1980년대 미국의 통상정책은 그런 점에서 일방주의, 보호주의보다는 공정무역과 상호주의라고 인식하는 것이 적절하다고 하였다. 당시의 미국 통상정책을 일방적 보호주의라고 비난하는 것은 그런 점에서 균형적 시각이 아님을 강조하였다.

주의 성향의 의회 개입의 증대 또는 행정부의 재량권 증대라는 변화가 지속되어왔다. 국무장관 헐(Hull)에 의해 추진된 호혜통상법(RTAA: Reciprocal Trade Agreements Act)은 외국과의 호혜협정을 통하여 기존 관세의 50퍼센트를 인하할 수 있는 권한을 대통령에게 부여한 제도다. 이는 관세책정권이 의회로부터 행정부로 이전함으로써 보호주의 집단들의 압력을 차단할 수 있었다. 1945년 이후에도 이러한 제도적 기반은 연장되어 무역정책 결정권이 대통령에게 이전됨으로써 특수 이익들의 보호주의 압력이 차단될 수 있었다. 그 이후 행정부가 독점했던 포괄적 무역정책 결정권이 의회로 이전되면서 의회는 포괄적 무역정책에 대한 개입을 확대하였다. 대표적인 사례로 1980년대 보호주의적 무역정책은 해외시장 개방을 위한 슈퍼 301조 조항을 입법화함으로써 보다 강화되었다. 미 행정부는 급진적 보호주의 성향의 의회 또는 국내 이익집단의 압력을 무마한다는 명목 하에 무역 흑자국에게 급박한 협상 타결이 필요함을 강조하기도 하였다. 협상 과정에서 국내 정치를 이용한 것이다. 따라서 미국의 통상협상 과정에서 행정부와 의회와의 제도적 관계는 협상 카드로 작용하기도 한다. 이와 달리 한국은 1980년대 권위주의적 정부 형태를 갖추고 있었기 때문에 행정부 중심의 통상체제였고, 따라서 통상정책 결정 과정에서 의회의 역할은 매우 미약했다. 국내 이익집단의 반대와 시위 등도 제한적 범위에서 이뤄졌기 때문에 국내 정치를 미국과의 협상 과정에서 활용할 수 없었다는 점도 대비가 될 수 있다.

여섯째, 미국에는 막강한 미무역대표부(USTR)가 존재한다. USTR은 전문 협상가라는 풍부한 인력과 정보를 갖춤으로써 공격적 통상정책의 역할을 수행해 왔다. 한때 한국도 KTR이 필요하다는 통상체제의 개혁의 필요성을 강조했

듯이, USTR의 역할은 성공적인 통상협상을 위한 필요조건으로 인식되었다. USTR은 대외통상교섭을 전담하는 협상 창구의 역할을 한다. 또한 부처간의 의견을 조정하는 정책 조정기능을 수행하고 수출 증대를 위한 정책 개발도 수행한다. USTR은 미국 통상의 모든 분야에 있어서 협상 및 미국 통상정책 결정을 책임진다. USTR의 위상은 통상정책의 주도권을 둘러싸고 벌어지는 미의회와 대통령의 상호 견제와 갈등이라는 구조적 요인 속에서 부침을 거듭하였다. 통상정책의 궁극적 책임과 권한을 지니고 있지만 실제적으로 통상협상 등을 전개해 나갈 수 없는 의회의 입장으로서는 행정부 소속기관을 통하여 통상정책을 수행해 나가되, 그 기관에 대한 통제력을 행사하여 의회의 의도를 반영시켜나가도록 한다. 반면 대통령은 USTR에 대하여 독자적인 영향력을 행사하려고 할 것이다. 이러한 양쪽의 틈바구니에서 USTR은 양쪽의 힘의 이동에 따라 그 위상 또한 변화되어왔다. 1988년 종합통상법에서 미 의회는 대통령에게 부여했던 재량적 판단의 소지를 대폭 배제하고 USTR이 의무적으로 조사를 개시, 보복 조치를 취할 수 있도록 함으로써 그 입지가 강화되었다고 볼 수 있다.[9]

이와 달리 한국의 통상체제는 통상교섭권, 통상 진흥, 조정의 문제에 있어 부처간 이견이 존재해왔다. 수석대표 자리를 놓고 관계부처가 줄다리기를 해온 경우도 많았다.[10] 외무부의 입장은 원칙적으로 외무부가 교섭권을 갖고 통상산업부는 통상 진흥 문제를 다뤄야 한다고 봤다. 통상 문제에 대한 조정기능

---

9 이상환. 2000. 186-187쪽.

10 이 문제는 1996년 제네바에서 열리는 한국무역정책검토회의(세계무역기구가 한국의 무역정책 전반을 검토, 평가하는 회의로서 각 회원국은 이 회의의 결과를 근거로 한국에 추가 시장 개방을 요구할 수 있기 때문에 한국 입장에서는 민감한 회의)의 수석대표 자리를 놓고 관계부처가 줄다리기를 한 경우에도 잘 나타나 있다.

은 공산품 외에도 금융, 농수산물, 항공, 해운 등 다양한 분야가 있기 때문에 외무부가 맡아야 한다고 주장한다. 그러나 통상산업부의 입장은 우리나라의 통상협상은 USTR처럼 공격적인 것이 아니라 대부분 방어를 위한 내부적인 정책 조정이며, 따라서 외무부가 경제부처 간 정책 조정을 할 수 있다고 기대하기 어렵다고 주장한다. 또한, 외무부는 통상과 관련된 부처의 전문적 지식과 정보의 관점에서 정보 부족의 문제가 있다고 본다. 이처럼 외교와 상공부처는 통상협상의 주도권을 놓고 이견을 보여왔으며, 따라서 통상체제 개편에 대해 서로 다른 주장을 해왔다(임혜란 2003 a). 이러한 부처간 이견과 갈등은 협상 과정에 부정적 영향을 줄 수밖에 없다.

마지막으로, 미국은 다양한 협상 카드를 활용할 수 있었던 반면, 한국은 협상 카드와 협상 논리가 부족했다. 미국은 GATT의 다자적 방법, 1989년 APEC과 같은 지역주의 방법, 그리고 양자 협정을 통한 쌍무주의적 방법을 병행함으로써 이를 상호 자극적으로 활용하였다.[11] 미국은 보호주의 성향의 의회와 이익집단의 압력이라는 국내 정치적 상황을 협상 타결을 성공하기 위한 압박용으로 설득하였다. 또한, 한국과의 다자주의 협상에서 GSP 지위의 연장 가능성이라는 카드를 제시하며 양자 협상에서의 양보를 이끌어내는 전략을 사용하기도 하였다. 이와 달리 한국은 국내 정치적 반대가 협상 카드로 사용될만큼 부각되지 못했으며 미국을 설득할만한 협상 논리도 개발하지 못하였다. 미국의 협상팀은 관련 업계의 도움을 받아 협상을 위한 실탄인 협상 논리를 제공받은 것과 달리 한국의 협상팀은 관련 업계의 도움을 전혀 받지 못했다.[12]

---

11 인터뷰 이동휘 국립외교원 명예교수, 1985-1987년 외무부 경제외교자문관. 2019. 7. 25.

3. 중요 질문들

1980년대 한미 통상협상 사례를 301조 중심으로 살펴보면서 제기할 수 있는 질문은 다음과 같다. 첫째, 미국의 통상정책의 결정 과정에서 중요한 영향을 미치는 요인들은 무엇인가? 미국은 왜 1980년대에 301조와 같은 강경한 보호주의 정책을 시행하였는가? 미국의 진정한 의도는 무엇인가? 미국은 301조를 협상 과정에서의 양보를 이끌어내기 위한 위협적 수단으로 사용하려 했는가? 협상 대상국과 기한 내에 타결이 이뤄지지 않을 경우 실질적으로 보복 조처를 취할 의도였는가? 미국은 한국의 주요 수출대상국으로, 패권국인 미국의 통상정책이 변화하면 이는 곧 한국에 치명적 영향을 미치기 때문에 미국의 정책 변화에 대한 이론적 이해가 선행되어야 한다. 미국의 통상정책 결정 과정에 대한 체계적 이해가 선행되어야 변화에 대한 선제 대응과 협상 과정에서 수세적 입장에 몰리지 않을 수 있다. 1985년의 301조 협상 성과는 이후 미국의 공격주의적 통상정책의 강화에 어떤 영향을 미쳤는지 살펴볼 필요가 있다. 1985년 301조 협상이 예상 밖의 성과를 거두게 되자 이후 이는 1988년 종합무역법과 슈퍼 301조의 입법화에 긍정적으로 영향을 미쳤다고 볼 수도 있다.

둘째, 1980년대 한미 통상협상에서 양 국가의 협상 전략은 무엇이었으며, 협상 타결은 결과적으로 최선의 선택지였는가? 다른 대안은 없었는가? 미국은 시장 개방을 위한 강성 협상 전략을 채택했으며, 수세적 입장에 있는 한국은 1985년의 301조 협상 과정에서 상당부분을 양보하는 연성 협상 전략을 채

---

12 인터뷰 한영수 당시 상공부 통상정책과장, 2019. 6. 25.

택하게 된다. 한미 통상협상을 미국과 한국이 보여주는 국제정치적 힘의 논리로만 설명하기엔 한계가 있다. 농산물, 자동차 등 다른 산업분야에서의 협상 결과는 개방의 폭, 속도, 단계 등에서 많은 차이를 보여준다. 그런 점에서 한미 통상협상과정을 설명하기 위해서는 국내 정치적 과정 및 통상제도 등을 살펴보아야 할 것이다. 1985년의 301조 협상에서 다뤄졌던 지재권과 보험 사례의 경우, 왜 한국은 원칙 협상 전략보다 연성 협상 전략을 택했는지 국내 정치의 요인에 주목할 필요가 있다. 최근 세계는 무역전쟁의 시기에 돌입했으며 통상 협상은 국가의 안보와 경제적 이해의 관점에서 매우 중요하다. 1980년대 통상 전략의 특성과 협상 결과에 대한 분석을 통해 최근 무역전쟁에 대응하기 위한 방안과 전망에 대한 함의를 이끌어낼 수 있다.

셋째, 1980년대는 한국이 통상협상체제를 정비할 수 있는 초기 시기인데, 당시 한국의 통상체제의 국내외적 도전과 한계는 무엇인가? 지금에 이르기까지 어떤 제도적 유산이 유지되어 왔는가? 한국의 통상체제는 외무부와 상공부가 통상협상의 주도권을 둘러싸고 갈등을 보이기도 하였다. 한국의 분산된 통상체제의 특성상 부처간 이견을 조정하는 역할이 매우 중요했으나 그렇게 하지 못한 구조적 한계를 보이기도 하였다. 특히 통상 주무부처의 개편과 관련된 논의도 추가함으로써 통상협상 역량 증진을 위한 방안을 제시해볼 필요도 있다.

Ⅱ. 협상의 배경과 중요 쟁점

1. 협상의 배경과 경위

가. 역사적 맥락과 구조: 미국 경제의 하락과 무역정책의 변화

1970년대 미국의 수출과 수입은 GNP의 6퍼센트였으나 1980년대는 12퍼센트로 증가하여 미국의 대외 의존도는 증대되었다. 이 시기 미국 패권은 상대적 하락을 경험하였으며, 실업률과 인플레가 증대하였다. 한국은 1982년 미국에 대해 처음 흑자를 내기 시작하여 급기야 1988년에 100억 달러의 대미 무역 흑자를 내게 된다. 이 시기에 이르면 NICs에 대한 중진국 책임론이라는 것이 세계무역에서 대두되기 시작하였고 미국은 이들 국가에 대한 시장 개방 압력을 가하기 시작하였다. 1986년도 한국의 대미 수출은 약 140억 달러에 달하며 대미 무역 흑자는 70억 달러를 넘어섰다. 이러한 대미 무역 흑자는 미국의 총 무역 적자의 4.2퍼센트를 차지하며, 일본, 서독, 캐나다, 대만에 이어 5번째 흑자국임에도 한국은 자주 공격의 대상이 된 바 있다. 무역 흑자의 확대, 자동차 등 수출 신장 및 환율 재조정 폭의 미흡 등으로 인해 미 행정부, 의회, 학계, 언론계는 한국을 일제히 공격하였다. 자유무역 정신에 위배된다는 비난을 무릅쓰면서까지 미국이 이렇게 나온 데는 1980년대 이후 세계시장에서 경쟁력을 상실한 데 따른 위기감이 크게 작용하였다. 일본 상품에 밀려 폐업하는 제조업체가 늘어나면서 실업 사태가 도시 근로자들을 강타하였다. 근로자층에 기반을 둔 민주당은 '경쟁국들이 덤핑으로 일자리를 빼앗고 있다'라며 강경론을 주도하였다.

1980년대 미국의 통상정책의 변화는 미국의 약화된 경제적 지위를 재강화시키기 위한 의도 그리고 소련에 대한 정치체제적 싸움을 위한 레이건 행정부의 목적 등이 반영되었다.[13] 미국은 사실상 1970년대부터 불공정무역 규제를 위한 덤핑과 정부보조금에 대한 규제정책을 시행해왔다. 1970년대의 제도적 유산은 1980년대에 이르러 보다 적극적이고 공격적인 무역정책의 증대를 가져왔으며, 1984년 무역관세법, 1988년 종합무역법 제정, 그리고 보다 능동적인 USTR의 역할 증대로 이어졌다.

미국 내 무역 구제를 위한 청원은 1981-1985년 사이 1970년대의 배로 증대하였다. 1982년 GATT 회의에서 유럽은 농업 자유화를 반대하였으며, 인도와 개도국은 서비스 자유화를 반대함에 따라 미국은 GATT에 대해 실망하게 되었다. 이후 다자주의보다는 소다자주의를 선호하게 된다. 미국의 무역정책은 1980년대 중반까지 업계 이익을 대변하는 상무성이 주도적 역할을 함으로써 관리무역정책에 집중하였다. 1980년대 중반 이후 무역수지의 악화, 경쟁력의 약화, 그리고 미국 경제의 상대적 우위의 실종 등 전반적 문제점들이 증폭되면서 의회는 포괄적 무역정책에 대한 주도적 역할을 강화하게 되었다. 이는 1988년 종합무역법, 슈퍼 301조의 입법화를 가져왔으며 시장 개방을 위

---

13 인터뷰 이동휘 국립외교원 명예교수, 1985-1987년 외무부 경제외교자문관. 2019. 7. 25.

한 강력한 수단으로 활용되었다. 슈퍼 301조의 강력한 무역정책이 가능했던 것은 레이건 행정부의 1985년 301조의 성공적인 협상 성과와 무관하지 않다. 레이건 행정부의 301조가 상대국으로부터 상당한 양보를 받아냄에 따라 이는 1988년 8월 3일 슈퍼 301조의 입법을 고무시켰으며 이후 미국 상원을 통과한 바 있다.[14] 그런 점에서 1985년의 301조 통상협상과 통상 전략을 분석해 보는 것은 상당한 의미가 있다. 다음은 1985년 레이건에 의해 제시된 301조 조사 지시가 내려지게 된 배경과 예비 협상 경과를 살펴보도록 하겠다.

나. 문제의 발생과 예비 협상

1980년대 한미 통상 마찰의 시작은 1982년 한국이 대미 무역 흑자를 기록하면서 미국 측이 1983년 한국의 국산 컬러TV를 덤핑 혐의로 제소, 1984년에 평균 10.65퍼센트의 고율관세를 매기면서부터다. 본격적인 무역 마찰의 시작은 1984년부터였다고 볼 수 있는데, 이를 전후해 미국은 한국에 대해 초콜릿, 오렌지, 담배 등 48개의 일반상품의 시장 개방을 강력히 요구함으로써 통

---

14 슈퍼 301조는 그 명칭에서 드러나듯이 기존 무역법(1974 Trade and Tariff Act)의 301조에 근거를 둔다. 슈퍼 301조는 의회가 대공황 직전 스뭇-홀리 관세법 이후 최초로 주도하여 입법한 1988년 종합무역법(1988 Omnibus Trade and Competitiveness Act)의 특별조항으로 기존의 301조의 적용 범위와 강도를 대폭 강화하였다. 미국의 무역권익이 침해받는 불공정 관행을 지정된 기간 내에 확인하고 해당국과의 협상을 통해 제거하도록 규정하였다. 기한 내에 협상이 성공하지 못할 경우 자국이 침해받은 권익에 상응하는 보복조치를 즉각 시행하도록 행정부에 의무화하였다. 301조와 슈퍼 301조의 차이는 다음과 같다. 첫째 301조는 불공정 무역관행을 GATT와 각 쌍무협상들의 틀 안에서 규정했고 그 시정 역시 GATT 분쟁 해결 절차를 통해서 하도록 한다. 그러나 슈퍼 301조는 불공정 무역관행의 규정자체를 GATT 범위 밖으로 확대하였으며 일방적 보복을 분쟁 해결 방식으로 규정하였다. 기존 301조는 권한을 대통령에 일임했으나, 슈퍼 301조는 집행의 각 단계를 규정된 시한 내에 행정부에 의무화함으로써 대통령의 재량권을 제한하고 있다. 백창재 1994a.

상 압력의 포문을 열었다. 이후 미국은 3차 산업인 서비스시장 개방과 지적소
유권 보호도 요구하였다.

  미국은 한국의 지식재산권 보호 실태가 심각함을 들어 지속적으로 이 문제
를 제기해왔다. 한국과 함께 해적출판 국가로 알려지고 있는 대만은 1984년 7
월 상대국이 자국의 저작물을 보호해주는 경우에 한하여 복제물만 보호해주
기로 저작권법을 개정했기 때문에 1985년 미국의 지식소유권 불공정거래 조
사대상에서 제외되었다. 따라서 한국이 대만과 같은 정도로 외국인 저작권을
보호해주었어도 미국은 불만을 나타내지 않았을 것이라는 지적도 있다.[15] 국
제지재권연맹(International Intellectual Property Alliance)은 한국과 같은 나라에서 미
국의 손실이 매년 13억 달러에 달한다는 보고서를 작성하였고, 이를 한국에
대한 301조 조항의 근거로 제시하였다. 미국은 지재권의 문제를 도덕적 이슈
와 연계하는 논리를 개발하였다. 미국은 개도국의 지재권 문제를 불법복제자
(pirates), 저작권 침해자, 강도(robbers)라는 윤리적 비난을 통해 문제를 제기했
으며, 이러한 레토릭을 301조 법률로 만드는 데 성공하였다 (Lawrence 2006).

  1985년 9월 레이건의 301조 지시 명령이 내려지기 이전까지의 과정을 살
펴보면 다음과 같다. 미국은 1980년대 초부터 한국의 해적판 서적과 특허, 상
표권 침해에 대한 우려와 비난을 제기하기 시작했으며, 1983-85년 사이 진행
된 한미 지식재산권 보호와 관련한 협의과정이 수차례 결렬되기도 했다. 미국
과의 지재권 논의가 처음 시작된 것은 1983년 3월 제1차 한미 공업소유권 회
의였으며 보다 본격적인 논의는 1984년에 이르러서였다. 미국의 한국에 대한

---

15 동아일보 1985.'한미무역마찰 저작권조약가입 거센 압력' 10월 23일.

지재권 보호 요구에 대비하여 한국의 문화공보부는 1984년 2월 23-24일 예정된 제3차 한미 경제협의회를 앞두고 입장을 외무부에 다음과 같이 전달하였다. 주요 내용은 국제협약에의 가입을 추진하되 단계별로 하고, 우선 국내법의 보완, 개정을 통해 외국인 저작물을 보호하되 국내 수급 상 불가피한 경우에는 이의를 인정할 것을 권고하였다. 보다 구체적으로 1983-85년에 이르는 1단계 시기에는 외국 저작물의 무단 복제와 번역을 규제하도록 국내법을 개정하고, 1986-88년에 이르는 2단계 시기에는 베른협약에 가입하여 외국인 저작권을 보호하고, 1988년 이후에는 우리나라 저작권에 대하여 국제적 보호 조치를 취하는 것을 골자로 했다. 이러한 입장은 1984년 5월 22일 외무부장관에 전달된 문화공보부의 외국인 저작권 보호에 관한 검토 의견에도 변함이 없었다. 문화공보부는 현재 문제가 되고 있는 출판물분야에서는 한국의 대외 이미지를 위해 저작권을 보호하는 것이 원칙적으로는 바람직하지만 이는 선진 문물이 신속하게 도입되는 데 지연이 있을 수 있고 막대한 경제적 부담이 되는 등 한국의 국익과 관련되는 문제이므로 상당 기간을 두고 검토해야 한다는 입장을 다시 밝혔다.[16]

　1984년 2월 23-24일 개최된 제3차 한미 경제협의회에서는 특허권, 상표권, 저작권이 광범위하게 논의되었으며, 이후 미국은 같은 해 7-8월 중 한미 간 저작권관계 실무 협의를 개최할 것을 제안하였다. 1984년 8월 30일 개최된 '제1차 지적소유권관계 대외경제전략 회의'에는 해외협력위원회, 문화공보부, 특허청, 외무부, 재무부, 상공부, 농수산부, 보건사회부, 과학기술처가 참석

16　외무부 통상정책과. 한,미국 저작권 관계 실무회의, 1984.11.29-30. 전3권(V.1 84.1-9). (등록번호: 2013120034). 서울: 외무부 통상정책과. 26, 28, 50쪽.

하였다. 당시 문화공보부는 현재 외국인 저작권 보호와 관련된 개정 법안이 국회에 제출된 상황이라는 점, 또한 소프트웨어 보호 관련 검토가 필요하다는 점을 들어 10월 말에도 결론이 나오기는 어렵다는 입장을 고수하고 있었다. 이에 반해 외무부는 미국이 9월 경에는 정식으로 저작권 관계 회의를 제기할 것으로 전망되며 더 이상 이를 회피하기 어려울 것이라는 입장을 밝혔다. 그 외 상공부는 정밀화학기업들이 다양하고 영세하여 정밀화학업계에의 물질특허 제도 도입 의견 수렴이 어렵다는 입장을 보였고, 농수산부는 농약업계에 대해 물질특허 도입 여부를 설문조사한 결과 대부분이 반대했다는 결과를 내놓았다. 보건사회부와 과학기술처도 신중한 입장을 내비쳤다. 해외협력위원회는 시한이 촉박하니 의견을 수렴해달라는 입장을 표명하였다. 작업 일정은 10월 말 이전 물질특허, 상표권 및 저작권에 관한 중간 보고서를 작성하는 것을 목표로 관계 부처별로 분담되었다.[17]

1984년 9월 11일 주한미국대사관 클리블랜드(Cleveland) 공사가 한미 저작권 실무회의 개최 등 저작권 문제 논의를 위해 외무부 제2차관보를 예방할 것으로 정해지자 그에 앞선 1984년 9월 6일 한국 정부는 입장을 정리하기 위해 외무부, 문화공보부, 상공부, 특허청, 과학기술처, 해외협력위원회 간 실무자 회의를 개최했다. 실무자 회의에서 문화공보부는 음반과 영화에 대해서는 외국인 저작권이 충분히 보호되고 있고 도서 및 출판이 문제인데, 이를 위해 1986년까지 국내법 정비, 1988년 국제저작권 관계 조약 가입을 목표로 하고 있으며 한미 저작권 실무회의에는 응할 수 없다는 입장을 밝혔다. 상공부는

---

17 외무부 통상정책과. 한,미국 저작권 관계 실무회의, 1984.11.29-30. 전3권(V.1 84.1-9). (등록번호: 2013120034). 서울: 외무부 통상정책과. 105-110쪽.

GSP 연장 법안이 미 의회에 계류 중이라는 점을 고려할 때 실무회의 개최에 응하여 성실한 협조 자세를 보여줄 필요가 있다고 주장하였다. 해외협력위원회는 보다 구체적으로 10월 말 경 대외경제전략 중간보고가 있을 것이고 그때에는 국회의 분위기 및 입장도 파악할 수 있을 것이니 11월 말 경 실무회의에 응하는 방안을 검토하는 것이 낫다는 의견을 밝혔다. 이에 더하여 과학기술처와 특허청은 소프트웨어 문제는 저작권 실무회의와 별도로 취급되어야 한다고 기존의 주장을 반복하였다.[18]

1984년 9월 11일 주한미국대사관 클리블랜드 공사는 한미 저작권 실무회의 개최 등 저작권 문제 논의를 위해 외무부 제2차관보를 예방하여 저작권 보호, 그 중에서도 소프트웨어와 도서의 무단 복사가 가장 중요한 문제로 손꼽힌다는 입장을 밝히며 실무회의 개최 희망 의사를 전달하였다. 외무부 제2차관보는 문화공보부의 국제조약 가입 계획 및 국내 저작권법 정비 계획을 전달했으나 클리블랜드 공사는 미국 정부가 이를 불만족스러워할 것이라는 입장을 전하였다. 양측은 곧 실무회의를 개최하는 데 합의했고 이후 미국 측은 10월 중 실무회의를 개최하자고 제안하였다.[19]

1984년 10월 8일에는 해외협력위원회, 외무부, 문화공보부, 특허청 간 '제2차 저작권관계 대외경제전략 수립을 위한 회의'가 소집되었다. 이 회의에서 특허청은 소프트웨어는 국내 산업 보호를 위해 별도의 특별법을 마련하여 다룰

---

18 외무부 통상정책과. 한,미국 저작권 관계 실무회의, 1984.11.29-30. 전3권(V.1 84.1-9). (등록번호: 2013120034). 서울: 외무부 통상정책과. 128, 139-144쪽.

19 외무부 통상정책과. 한,미국 저작권 관계 실무회의, 1984.11.29-30. 전3권(V.1 84.1-9). (등록번호: 2013120034). 서울: 외무부 통상정책과. 146-151쪽.

것을 다시 한 번 제의하였다. 문화공보부는 특허청의 소프트웨어에 관한 견해에 동의하며 미국의 관심 사항인 외국인 저작물의 보호와 관련된 법안이 현재 국회에 제출된 상황이므로 이러한 상태에서 미국과 회의를 하는 것은 문제가 있다는 입장을 다시 강조하였다. 이에 관계부처는 미국이 지속적으로 회의 개최 압력을 가하는 경우 국회에 악영향을 미칠 수 있다는 논리를 세우기로 하고 지난 9월 논의한 대로 한미 양자 간 회의는 11월 중순 이후 개최될 수 있도록 하는 것이 좋겠다는 결론을 내렸다.[20]

1984년 11월 14일에는 '제4차 지적소유권 대외경제 전략회의'가 개최되어 해외협력위원회, 경제기획원, 외무부, 상공부, 문화공보부, 과학기술처가 참석하였다. 저작권법 개정안이 관련 이익 집단이 많을 뿐 아니라 선거를 앞두고 국회에 제출되어 있어 미국이 관여한다는 인상이 여론과 국회에 악영향을 미칠 우려가 있음을 환기시키는 것에 주 목적이 있었다.[21] 이 회의에서 과학기술처가 제출한 자료에 따르면 소프트웨어를 보호할 경우 추가 외화 (로열티) 지불 예상액은 1984년도 기준 480만 달러에 육박했다. 소프트웨어를 저작권으로 분류하여 보호하는 문제와 관련하여서는 미국 내에서도 소프트웨어가 저작권에 포함되는 것이 맞느냐는 이견이 존재하였다. 따라서 한국은 소프트웨어 보호에 관한 글로벌 컨센서스가 없다는 점을 근거로 한국 실정에 맞는 입법화 작업을 추진할 것이라는 의견을 개진할 계획이었다.

---

20 외무부 통상정책과. 한,미국 저작권 관계 실무회의, 1984.11.29-30. 전3권(V.2 84.10-12). (등록번호: 20131200035). 서울: 외무부 통상정책과. 19-22, 33, 35쪽.

21 외무부 통상정책과. 한,미국 저작권 관계 실무회의, 1984.11.29-30. 전3권(V.2 84.10-12). (등록번호: 20131200035). 서울: 외무부 통상정책과. 75, 84-94쪽.

1984년 11월 22일에 개최된 '지적소유권 정책 방향 수립을 위한 관계부처 장관 회의'에는 부총리, 외무부장관, 재무부장관, 농수산부장관, 상공부장관, 보건사회부장관, 과학기술처장관, 문화공보부장관, 해외협력위원회 기획단장, 특허청장, 대통령경제수석비서관, 한국개발연구원장이 참석하여 지적소유권을 적극적으로 보호하자는 기본 원칙이 수립되었다.[22] 당시 저작권, 상표, 제법 특허 보호는 서두르고 물질 특허는 보호한다는 방침 하에 보호 시기를 결정하고, 소프트웨어 보호는 좀 더 시간을 두고 검토하자는 데 의견이 모였다. 그러나 해외협력위원회가 보호 시한을 말하지 않으면 공신력이 없고 제법 특허만을 보완하는 것은 미진하므로 물질특허 보호 시기도 앞당겨야 한다고 주장하였다. 그에 따라 저작권은 1988년 이전에 국제협약에 가입하는 것으로, 물질특허도 1988년 이전에 보호하도록 하는 것으로, 또한 제법 특허와 상표권 보호는 즉시 보완하는 것으로 최종 결론이 났다.[23]

요약하면 지재권을 보호해야 한다는 일반적 원칙에는 정부 내 모든 부처가 동의하였으나, 보호 시기와 관련하여 다양한 이견이 있었다. 소프트웨어를 저작권에 포함해야 되는지의 문제 역시 글로벌 규범이 부재한다는 점에서 한국은 한국 실정에 맞는 별도의 입법 추진을 하는 것이 낫다는 입장이 우세하였다. 지재권 협상 과정에서 해외협력위원회의 부처간 다양한 의견을 조정하거나 타결을 앞당기는 선두적 역할이 매우 중요했음을 잘 알 수 있다.

22 외무부 통상정책과. 지적소유권 보호 강화 대책, 1984-85. (등록번호: 2013120039). 서울: 외무부 통상정책과. 22-23쪽.
23 외무부 통상정책과. 한,미국 저작권 관계 실무회의, 1984.11.29-30. 전3권(V.2 84.10-12). (등록번호: 20131200035). 서울: 외무부 통상정책과. 121-122쪽.

한미 양측 간 개최 일정을 놓고 갑론을박을 지속한 결과 1984년 11월 29-30일 미국의 기술 전문가팀(technical team)이 방한하여 '제1차 한미 저작권 관계 실무자 회의'가 개최되었다. 한국 측은 경제기획원, 상공부, 문화공보부, 과학기술처, 해외협력위원회, 특허청이 참석하였다. 미국 측에서는 국무성, 상무성, 의회 도서실 저작권과, 주한미국 대사관이 참석하였다. 미국 측은 외국인 저작권 보호, 저작권 개정안의 국회통과 전망, 국제 협약 가입 계획, 컴퓨터 소프트웨어 보호 및 저작권에의 포함 여부, 반도체 칩 보호 및 저작권에의 포함 여부, 2차적 저작물에서 나온 3차적 저작물의 보호 문제(예: ET 영화에서 나온 ET 인형), 교육기관, 도서관에서의 저작물 복제 및 사적 사용, 강제 사용(compulsory licensing) 운용 방식, 번역권 문제 등을 문의하였다.[24]

주미 대사관이 작성한 1985년 7월 25일자 '주미 특파원 간담회 자료'에 따르면, 레이건 대통령은 USTR에 지적소유권 보호와 관련하여 외국의 미국 상품 위조 행위를 근절시키기 위한 관련국과의 협상을 개최하도록 지시했으며 특허권, 저작권, 상표권 등 지적소유권을 보유하기 위한 방안을 의회 측과 협의 중이었다. 또한 레이건 행정부는 '미국의 자유·공정 무역 증진과 근로자 보호를 위한 통상법' 제정을 추진하면서 의회에 협조를 요청하였고, 고려 중인 분야에 당시 대두된 반덤핑법, 상계관세법 만이 아니라 물질 특허, 농화학 제품 특허 등 지적소유권 보호에 관한 내용도 포함되어 있다고 밝히고 있다. 주미 대사관은 레이건 행정부가 계속해서 자유무역 원칙을 추구할 것이며 상대적 불공정 행위를 더 이상 감수하지 않을 것이라고 파악하였다.[25]

---

24 외무부 통상정책과. 한,미국 저작권 관계 실무회의, 1984.11.29-30. 전3권(V.2 84.10-12). (등록번호: 20131200035). 서울: 외무부 통상정책과. 73, 131, 133, 141-165, 200-201쪽.

1985년 8월 23일 사공일 경제수석비서관은 방미하여 와이트헤드(Whitehead) 국무장관 대리, 맥민(McMinn) 경제차관보, 야이터(Yeutter) USTR 대표, 시거(Sigur) 백악관 아시아 담당 보좌관과 각각 면담하였다. 와이트헤드 국무장관 대리는 한국 정부의 시장 개방은 높이 평가하나 미 의회 내 분위기가 매우 완강하고 보호주의가 팽배하며 특히 담배, 초콜릿 등의 시장 개방과 지적소유권 보호를 요구하는 로비가 매우 강력하다는 입장을 밝혔다. 와이트헤드 국무장관 대리는 한국 정부의 적극적인 협조를 요청하며 2-3주 내 구체적이고 실현 가능(visible)한 시장 개방 조치를 발표해주기를 희망한다고 밝혔다.[26]

이러한 일련의 과정과 노력에도 불구하고 1985년 9월 레이건 행정부는 신통상정책 발표 및 301조를 발동하였다. 레이건 대통령은 미 통상법 제301조에 근거해 한국에 대해서 1985년 9월 7일 보험분야에 대한 불공정관행 조사 및 10월 16일 지식재산권분야에 대한 불공정관행 조사를 지시하였고, 한국 측은 10월 28일부터 301조 협상에 대한 대책 마련에 착수하였다.[27] 미국은 무역적자 문제의 해결을 위해 GATT의 무차별원칙 대신 상호주의로 전환한 것이다.

25 외무부 통상정책과. 한,미국 통상협력 및 대책, 1985. 전2권(V.1 3-9월). (등록번호: 25884). 서울: 외무부 통상정책과. 56-58쪽.

26 외무부 통상정책과. 한,미국 통상협력 및 대책, 1985. 전2권(V.1 3-9월). (등록번호: 25884). 서울: 외무부 통상정책과. 86-93쪽.

27 통상법 301조는 1974년 불공정무역을 규제하는 301조 통상법에 근거하고 있으며, 1984년에 조사대상 품목이 공정한 거래를 하지 않았다는 판단 하에 다른 제3의 상품에 보복 조치를 할 수 있도록 제도적으로 보완하였다. 동아일보 1986. 7. 21.

2. 중요 쟁점에 대한 한국 정부의 입장

미국은 한국에 대한 구체적 협상 쟁점으로 서비스(보험) 시장 개방, 지식재산권 보호 등을 요구하였다. 동시에 미 무역대표부는 한국의 GSP 지위 재조정 문제를 요구하였다. 미국 기업과 무역협의회(Trade Association)는 미 무역대표부에 청원을 하였고, 의회는 개도국의 GSP 지위의 연장 가능성을 조건으로 미국의 지재권 보호가 가능하도록 하는 방안을 제시하였다.[28] 1985년 301조 협상에서 제기된 구체적인 중요 쟁점들은 첫째, 301조 조기 일괄 타결 여부, 둘째, 보험과 관련한 사항, 셋째 지식재산권의 소급효 인정 여부, 넷째, 지식재산권의 소프트웨어 별개 입법 여부와 관련된 사항이다.

가. 기본 입장

(1) 301조 조기 일괄 타결

한국 정부가 취한 301조 협상의 기본 입장은 301조의 조기 일괄 타결이었다. 경제국은 주미 대사관 측에 301조 협의와 관련하여 경제기획원의 훈령안을 전달하며 조기 타결의 중요성을 설명하고 가급적 한국이 덜 양보하는 선에서 타결하되, 타결 시점을 고려하여 교섭을 요청하였다. 소급효에 있어서도 어려운 점이 많지만 정치적으로 봤을 때 4월 중 전체 문제 타결이 더욱 중요하므로 최대한 용인할 수 있는 선까지 포함시켰음을 전하였다. 또한, 협상에 잔여

---

28 GSP는 140개국 국가로부터 4,000개 이상의 상품에 대한 무관세 특혜를 제공한 것을 의미한다. 이는 1976년 1월 1일 Trade Act of 1974 무역법 하에 시행되었다. Lawrence 2006. 51쪽.

안건 없이 처리하기 위해 일괄 타결로 진행해야 하며, 일괄 타결로 종결되지 않는 경우 훈령안 수준의 양보는 불가하다는 점을 분명히 하였다.[29] 주 미대사와의 협상에서 스미스 부대표의 보험 문제 선타결 제안에 대해 외무부 경제국 통상정책과는 관계부처와의 협의를 통해 한국의 기존 입장인 보험과 지식재산권의 일괄 타결이 바람직하다고 의견을 제시하였다. 보험분야를 선타결하게 될 경우 지식재산권 문제의 협상 폭이 좁아지고, 협상의 기간 또한 장기화될 가능성이 있고, 보험 문제를 우선 타결하지 않을 경우 한국의 보험시장 진출을 희망하는 미 업계가 지식재산권의 조기 타결을 위한 압력을 미국 측에 행사할 수 있을 것이라 예상되었기 때문이다. 또한 일괄 타결 시 미국 측에게 향후 한국에 대한 301조 발동 방지를 보장받기 용이할 것이라 예상되었다.[30]

(2) 보험: 추가 참가 회사 수, 국공유 및 방위산업체 건물 풀 참여 이슈

한국 측은 보험의 추가 참가사 수로 화재보험과 생명보험을 합쳐 3개사를 제시하였지만, 미국 측이 각각 5개사씩 요구하며 강경히 반대함으로 인해 4개사를 제시하였다가 결국에는 합의 문안에 구체적인 숫자를 명시하지 않는 것으로 합의하였다. 한편, 국공유 및 방위산업체 건물 풀 참여와 관련하여 한국 정부는 미국사에 대해 1986년 4월 1일까지 강제화재보험 영업을 허가하고 1986년 7월 31일까지 강제화재보험 풀에 참여시킬 방침이나, 이 중 5.9퍼센

---

29 외무부 통상정책과. 2015c. 한.미국간 미국 통상법 제301조 관련 협의, 1985-86. 전9권. V.3 1986.3월. (등록번호: 2015100053). 서울: 외무부 통상정책과. 206쪽.

30 외무부 통상정책과. 2015b. 한.미국간 미국 통상법 제301조 관련 협의, 1985-86. 전9권. V.2 1986.2월. (등록번호: 2015100052). 서울: 외무부 통상정책과. 15쪽.

트에 해당하는 국유 건물과 방산업체 건물 화재보험 풀에는 방산업체에 대한 비밀 등의 외국사 유출 우려로 참여시키지 않을 것이라는 입장을 제시하였다. 또한 강제화재보험이 아닌 국공유 건물과 방산업체 건물 화재보험 풀은 이번 협상의 대상이 아니었고, 비강제 방산업체 화재보험 풀은 국방부장관과 방산진흥회의 요청으로 국내사들이 형성한 것이므로 이에 참여하기 위해서는 미국사가 국방부와 방산진흥회, 국내사들의 동의를 얻어야 한다는 것이 미국사의 화재보험 풀 참여 범위에 대한 재무부의 입장이었다.[31]

(3) 지식재산권: 소급효 인정 여부

1985년 301조 지식재산권 협상과 관련한 한국 정부 내 초기 입장은 다음과 같다. 우선 지재권과 관련하여 한국 정부는 당시 일방적으로 저작물을 수입하는 상황에서 국제저작권협약에 가입하는 것은 국익 면에서 바람직하지 못하고 국내 저작권법 개정이 선행되어야 하나 이는 저작자와 이용자 간의 복잡한 권리 이용 관계를 규율하는 법으로 신중해야 하기 때문에 장기간 검토가 필요하다는 입장이었다. 국제저작권협약에 가입함으로써 200만 달러 상당의 외화 지출이 예상되는 등 손실이 우려되었기 때문에 당시 한국 정부는 국제저작권협약에 즉각 가입하는 것은 어려우나 외국의 압력에 대응하기 위해 가장 문제시 되는 출판분야에 한하여 국익에 부합하는 범위 내에서 국내 법규에 의한 규제 방법 마련을 바람직한 대책으로 판단하고 있었다.[32]

---

31 외무부 통상정책과. 2015c. 한.미국간 미국 통상법 제301조 관련 협의, 1985-86. 전9권. V.3 1986.3월. (등록번호: 2015100053). 서울: 외무부 통상정책과. 5쪽.

32 외무부 통상정책과. 한.미국 저작권 관계 실무회의, 1984.11.29-30. 전3권(V.1 84.1-9). (등록

1985년 12월 서울협상에서 제기된 미국 측의 지식재산권 소급효 인정 요구에 대해 한국 정부는 협상 초기 불가능하다는 입장을 고수하였다. 한국 측은 소급 적용은 불가하며, 계류 중인 제법특허 출원의 경우에도 개정법 시행 후 이를 취하하고 물질특허를 포함하는 내용으로 재출원하면 된다고 설명하였다. 미국 측이 주장하는 소급 인정은 국제적으로도 선례가 없고, 신규성이라는 특허의 기본적 원칙에 따라서도 인정이 불가한 요구였기에 이는 수용할 수 없다는 입장을 명확히 표명하였다.[33]

한국 정부는 국제적 기준을 초과하는 범위의 보호를 제공하라는 요구는 받아들일 수 없으며, 이미 소급 적용을 하지 않을 것이라고 공식적으로 발언하였다. 한국 정부는 새로운 지식재산권 법의 도입에 대한 강력한 국내 반발을 완화해왔기에 국민을 설득할 수 있는 충분한 근거가 제시되지 않는 한 기본 입장을 번복할 수 없는 상황이라는 점을 미국 측에 표명하였다. 또한, 소급효와 관련하여 미국에게만 예외적인 적용을 해줄 수는 없으며, 만일 뉴라운드에서 지식재산권의 소급 보호가 국제적으로 수용되는 규칙(rule)이 제정되는 경우 한국은 소급효를 법에 포함시킬 의사가 있음을 밝혔다. 그럼에도 불구하고 계속되는 미국 측의 지식재산권 소급효 인정 요구에 대응해 외무부 국제기구조약국 조약과는 1986년 2월 15일 미국의 지식재산권 소급효 인정 요구에 대한 반박 논거를 마련하였다. 소급효 인정 요구에 대하여 법적 성격과 부당성, 형법 불소급의 원칙과의 관계 측면에서 미국의 요구가 부당하며 이를 인정할 수

번호: 2013120034). 서울: 외무부 통상정책과. 3, 7-8, 17-19쪽.

33 외무부 통상정책과. 2015b. 한.미국간 미국 통상법 제301조 관련 협의, 1985-86. 전9권. V.2 1986.2월. (등록번호: 2015100052). 서울: 외무부 통상정책과. 62쪽.

없음을 설명하였다.[34] 이와 같은 초기의 강경한 입장과는 달리 미국 측 요구를 전격 수용하게 되는 과정을 추후 양측의 협상 전략의 상호적 관점에서 살펴보도록 하겠다.

(4) 소프트웨어: 별개 입법

컴퓨터 소프트웨어 보호 문제에서 한국 정부는 효과적인 소프트웨어 보호를 위해서는 주관부처인 과학기술처의 별개 입법이 필요할 것이며, 이미 공청회도 이를 기초로 실시하였기에 단일 입법은 어렵다는 입장이었다.[35] 한국 측은 이후 진행된 미국 측 대표와의 면담에서도 단일 입법에 실질적 어려움이 많고, 법안을 다시 수정할 시간 여유가 부족하며 미국 측에서도 보험분야 합의 사항 시행을 원하고 있으므로 이러한 사정을 감안하여 소프트웨어를 별개 입법으로 추진할 것을 미국 측에 촉구하였다.[36]

나. 한국의 협상 주체 및 내부 입장

301조 협상에 참여한 중요한 행위자와 그 역할과 관련하여, 보험과 지식재산권 관련 301조 협의는 경제기획원을 중심으로 관련 부처와의 협의를 통해 이루어졌다. 경제기획원의 주도적인 역할과 함께 주미 대사관 측은 수차례 미

---

34 외무부 통상정책과. 2015c. 한.미국간 미국 통상법 제301조 관련 협의, 1985-86. 전9권. V.3 1986.3월. (등록번호: 2015100053). 서울: 외무부 통상정책과. 40-43쪽.

35 외무부 통상정책과. 2015d. 한.미국간 미국 통상법 제301조 관련 협의, 1985-86. 전9권. V.4 1986.4-5월. (등록번호: 2015100054). 서울: 외무부 통상정책과. 227쪽.

36 외무부 통상정책과. 2015e. 한.미국간 미국 통상법 제301조 관련 협의, 1985-86. 전9권. V.5 1986.6월. (등록번호: 2015100055). 서울: 외무부 통상정책과. 113쪽.

국 측 고위인사 및 실무진과의 면담을 통해 한미 양측의 견해 차이를 좁히기 위해 노력하였다. 특히 미국 측과의 비공식적인 협의를 주로 담당한 컨설턴트에 대한 업무 지시를 소관하며 미국 측 동향을 파악하고 협상 전략 수립에 기여하였다. 즉, 주미 대사관은 미국 측과의 교섭 단계에서 주요 행위자로서 기능하였고, 한국 정부의 다양한 부처간 입장을 조율하고 정립하는 것은 경제기획원 측이 상당 부분 담당하였다. 로비스트인 포터(Porter), 쿠쉬맨(Cushman) 등의 변호사들 또한 미국 측과의 접촉을 통해 비공식적으로 미국 측의 요점과 신축성 정도 파악 및 한국 측 대응 전략을 마련하였다.[37] 보험의 경우 재무부가, 지식재산권은 문화공보부, 과학기술처, 특허청 등 여러 부처가 관여되어 있었고, 동 협상의 합의문 작성 과정에서 외무부 국제기구조약과 또한 문안 내용을 검토해주며 협상에 개입하였다. 이 과정에서 중요한 역할을 한 조직을 들자면 정부 내 다양한 이견을 조정하는 역할을 한 해외경제협력위원회를 들 수 있을 것이다. 해외협력위원회는 개방의 긍정적 역할을 제시하면서 국내 이해당사자들을 설득하거나, 이견을 보이는 부처들에게 의견을 수렴해달라고 재촉하였으며, 그리고 워싱턴과의 의견을 조율하는 등 중요한 역할을 수행해왔다.[38]

1980년대 한국 정부 내에 시장 개방을 요구하는 미국의 통상 압력에 대해 부처간 다양한 이견이 존재하였다. 보호주의를 주장하는 강경파로는 공급자를 대변하는 부처인 예컨대 농림축산부, 금융보험을 대변하는 재무부 등이 대

---

37 외무부 통상정책과. 2015a. 한.미국간 미국 통상법 제301조 관련 협의, 1985-86. 전9권. V.1 1985.11월~1986.1월. (등록번호: 2015100051). 서울: 외무부 통상정책과. 261쪽.

38 인터뷰 김기환 당시 해외협력위원회 단장, 2019. 7. 20. 당시 통상 역할을 맡은 해외파들은 '개방'의 중요성을 인지함으로써 자발적인 시장 개방의 필요성을 강조하였다.

표적이다. 개방 온건파로는 외무부와 상공부를 들 수 있다. 그러나 상공부 내에도 통상을 담당하는 관료는 개방의 필요성을 강조하는 반면, 산업을 담당하는 관료는 관련된 산업분야 보호를 강조하였다. 당시 통상 문제를 담당했던 김철수 전 장관에 따르면, 상공부 내에서도 통상 현안을 놓고 산업과 통상 쪽 입장이 서로 상반되는 경우가 있어 집안 단속하는 일만 해도 녹록하지 않았다고 회고한 바 있다.[39]

> "상공부 내에서도 또 통상 사이드에 있는 사람하고 산업 사이드에 있는 사람 간의 차이가 굉장히 커요. 왜냐하면 조선공업을 담당하고, 전자·기계 이런 산업들을 담당하는 그 쪽 파트들은 다분히 굉장히 보수적이고 수세적이지. 왜냐하면 자기네 업계를 대변하다 보니까 굉장히 보호적이거든요. 그런데 나는 1980년대 통상 쪽에 있었는데 우리 입장은...우리가 살기 위해서는...우리가 혼자 사는 거 아니지 않냐? 그럼 기브 앤 테이크(give and take)를 해야 되는데, 어떻게 국내산업 보호만 해가지고 우리가 어떻게 물건을 팔 수 있느냐...그런 쪽으로서 대립이 내부에서는 좀 심했어요."[40]

결론적으로 1985년도 301조 협상의 경우, 해당 무역 관행의 성격상 상공부의 역할은 미미하였다. 국내 협상안의 마련은 경제기획원의 해외경제협력위원회 주도로 다양한 소관부처의 입장을 조정하여 결정하였으며, 대미 협상은 주미 대사관을 중심으로 이루어졌다고 볼 수 있다.[41]

---

39 김철수 전 상공부 장관 대담, 중앙선데이 2014. 3. 30. 중앙선데이가 만난 사람
40 인터뷰 한영수 당시 상공부 통상정책과장, 2019. 6. 15.
41 인터뷰 김철수 전 상공부 제1차관보, 2019. 7. 9.

3. 중요 쟁점에 대한 한국 사회의 반응

지재권 협상과 관련한 당시 한국 사회의 민간 이해당사자들은 지재권 보호에 대해 부정적 의견이 많았다. 출판사 권익옹호 단체인 대한출판문화협회 이두영 사무국장은 국제저작권조약에 가입할 경우 1년 동안 외국에 지불해야 할 저작권 사용료는 60억-120억 원에 이르는 막대한 액수가 될 것이라는 우려를 표명하였다. 또한, 저작권을 가진 선진국의 선택에 의해 우리의 해외 지식정보 및 문화수용 상태가 좌우되는 혼란을 맞게 될 것이라고 했다. 당시 원서복제물의 연간 유통량은 약 6천 종 230억 원 어치로 추산되며 번역도서는 약 7천 종 (2천5백만 부) 1천억 원으로 추정되는데 이 모두가 저작권 사용료 지불 대상이 된다는 것이다. 또한, 복제물의 경우 저작권자로부터 출판 승락을 받지 못하거나 그 배포권이 해외에 있을 때 부득이 외서를 수입해야 하는데 외서의 가격이 국내복제물 가격보다 3-5배 비싸기 때문에 그 비용이 그만큼 늘어날 수밖에 없다. 국내 출판업계에서는 현재의 상황에서 저작권 조약 가입은 시기상조이며 일단 국내 입법을 통해 부분적으로 외국인의 저작권을 보호해주는 선에서 타협하길 바라는 입장을 제시하였다.[42]

1985년 3월 6일부터 8일 사이 진행된 '대외경제전략에 관한 정책간담회' 일정 중 3월 7일 KDI(한국개발연구원) 주관으로 개최된 '물질특허 보호에 관한 간담회'에는 KDI, KAIST, KIET(산업연구원), 대한변리사회, 한국화학연구소 및 한정 화학, 대한 약품, 동화제약, 영일화학, 럭키중앙개발연구소가 참석하여 의

---

42 1985년 10월 23일 동아일보 기획기사 '한미 무역마찰: 저작권 조약가입 거센압력'

견을 교환하였다. 대체로 물질특허의 도입 여부에는 이견이 없었고 경쟁력 강화를 위해 언젠가는 도입하여야 한다는 입장이었지만 도입 시기를 두고 여러 의견이 오갔다. 이때 해외협력위원회는 물질특허제도 도입에 국내적으로 찬반론이 병존하고 있다고 언급하는 동시에 물질특허 도입의 긍정적인 측면을 강조하였다. 약 10년 후 직접적인 파급 효과가 나타날 것이며 로열티와 가격에 영향을 미칠 것이나 영향의 규모는 크지 않을 것이고 기술 개발과 혁신에 기여할 수 있다는 견해를 밝혔다.

이에 반하여 화학연구소 채영복 소장은 물질특허 효과는 3-4년 정도의 단기간 내 나타날 것이며 로열티는 매우 크게 상승할 수 있어 물질특허를 허용하는 경우 경쟁력(bargaining power)을 거의 상실하게 될 것이라고 반박하였다. KAIST 이화석 박사는 물질특허 허용이 기술개발의 인센티브가 될 것이나 과도한 로열티 요구와 관련하여 조건부 허용 등의 제한 조치를 강구하는 것도 검토할 필요가 있다는 입장이었다. 또한, 신물질 개발에는 정부 지원이 절대적으로 필요하다고 덧붙였다. 민간 부문인 한정화학의 김윤섭 이사는 외국의 물질특허 보호 요구는 한국 기업들이 대외적으로 진출하기 시작하고 있기 때문이며 대외 수출이 약 10억 달러 정도 이상 달성된 이후에 허용하는 것이 바람직하다는 입장을 전달하였다. 동화제약 민신홍 상무는 현재 물질특허 도입 문제를 다루는 것은 정밀 화학을 육성하기 위한 것이 아니라 대외 압력이 있기 때문이므로 시간을 갖고 충분한 토의를 해야 한다고 꼬집었다.

럭키중앙개발연구소 최남석 소장은 럭키중앙개발연구소 자체 조사 결과 물질특허 도입에 찬성하는 쪽은 경제기획원, 외무부, 상공부, 해외협력위원회, KDI, 대한변리사협회, 반대하는 쪽은 특허청, 발명특허협회, 민간업계, 민간연구소 등이라고 제시하였다. 또한 국내 민간 연구소 153곳 중 현재 물질특허를 낼 수 있는 연구소는 5곳에 불과하며 정부가 도입 의지를 보인 이상 사전에 민간 연구소 활성화, 기초연구 기반 조성, 주변 기술 및 법적 환경 개선, 인센티브 부여 등 연구 환경을 조성해 달라고 부탁하였다. 대한약품공업협회는 선진국과의 무역 마찰은 대외 통상 교섭력으로 해결해야 하며 물질특허제도가 언급되는 것은 부당하다면서 보다 적극적인 입장을 개진하였다. 제도 도입 시기 검토 역시 민간 위주로 추진되어야 하며 이를 위한 제도적 장치가 마련되어야 한다고 주장하였다. 영일화학은 물질특허제도를 도입하는 것은 한국 기업들이 신개발 품목을 발명할 수 있는 단계에 이르렀을 때 추진하는 것이 바람직하며 물질특허제도를 도입하기 전 기존 특허법상 특허 기간을 연장하고, 강제사용권을 완화하는 등 일부 양보를 하자는 절충안을 내놓았다.[43]

이처럼 당시 국내의 이해당사자들은 지재권의 주요 쟁점을 둘러싸고 다양한 이견을 보였으며 부정적 견해가 주를 이뤘다고 볼 수 있다. 사실상 1980년대 한국 사회는 개방에 대해 비판적 인식이 지배적이었다. 1980년대 중반까지는 업종과 관련된 경우에만 관심을 보였다. 1985년 이후에는 통상 이슈에 대해 국민적 관심이 증대하였으며 개방에 보다 부정적이었다.

"수출은 더 할수록 좋지만 수입은 안 하면 안 할수록 좋다는 시각이 팽배하던 시절이었다. 이 때문에 '한국은 중상주의 국가'라는 시각이 전 세계적으로 확산돼 있었다. 한국이 80년대 중반부터 무역 흑자를 기록하면서 그런 시각은 더욱 강해졌다. 그래서

---

43 외무부 통상정책과. 지적소유권 보호 강화 대책, 1984-85. (등록번호: 2013120039). 서울: 외무부 통상정책과, 80-90쪽, 92-126쪽.

통상 문제 해결 없인 경제적으로 성장할 수 없다는 인식을 정책 입안자들과 국민에게 심어주려고 노력했던 기억이 많이 난다. 하루아침에 생각이 바뀔 순 없기에 어려움이 많았다. 나 자신도 '매국노'라는 질타까지 받았었다."[44]

언론은 국수주의적이며 감정적 반응이 많았고, 잘못된 저널리즘이 국익에 우선하는 경우도 많았다. 개방에 대해 나라를 팔았다는 비판도 서슴지 않았던 시대였다. 1980년대는 수입차를 타면 세무조사를 받거나, 개방주의자는 매국노라는 비판을 받던 시기였다.[45] 그러나 1980년대 당시 개방에 대한 사회 내 반발은 존재했지만, 개방에 대한 반대집단이 세력화되거나 조직화까지 되지는 못하였다. 1980년대 권위주의적 정치체제의 특성은 국내 이익집단의 정치적 영향력을 약화시켰다고도 볼 수 있다. 1980년대의 한국 사회는 학생운동, 주사파, 민족자립갱생, 매판자본과 개방파의 대립이 시작된 시기이다. 한국은 GSP 위치로 개도국이니 보호받아야 된다고 생각한 반면, 선진국은 이러한 한국을 제2의 일본, 준선진국으로 보는 인식의 차이가 존재하였다.[46] 정치권의 야당은 개방보다 지역산업을 보호해야 한다는 인식이 강하였다.

44 김철수 전 상공부 장관 대담, 중앙선데이 2014. 3. 30. 중앙선데이가 만난 사람
45 인터뷰 한영수, 당시 상공부 통상정책과장, 2019. 6. 25.
46 인터뷰 이동휘 국립외교원 명예교수, 1985-1987년 외무부 경제외교자문관. 2019. 7. 25

4. 중요 쟁점에 대한 미국 정부의 입장

가. 기본 입장

(1) 일괄 타결보다 이슈별 타결

미국 측은 여러 이슈에 대한 일괄 타결보다 보험 문제의 조기 타결을 주장하였다. 당시 미 보험업계는 모든 보험협회사의 참가를 보장하지 않을 경우 보험 301조에 따른 대한국 보복 조치를 즉각적으로 시행해야 한다고 강력히 주장하는 등 한국 보험시장의 개방에 대한 상당한 압력을 행사하고 있으므로 보험 문제가 조속히 타결될 필요성이 있다고 강조하였다.[47]

(2) 보험: 추가 보험회사 수, 국공유 및 방위산업체 건물 풀 참여 이슈

미국 측은 협상 초기 화재보험과 생명보험 각각 5개사씩을 주장했지만, 한국 측의 단호한 반대의사에 양 보험사 등을 합쳐 총 5개사로 제안하였다가 결국에는 구체적인 추가 참가 수를 합의문안에 명시하지 않는 것과 유자격 미보험회사로만 명시하는 것으로 합의하였다. 동 문제에 대해 미국 회사가 임의적으로 풀 배분에서 불리한 처우를 받을 수 있다는 것에 우려를 표했지만, 협의기구를 통해 화재보험 풀 프리미엄 문제를 다루는 것으로 합의하며 주장을 철회하였다.

---

47 외무부 통상정책과. 2014. 미국 통상법 제301조 협상대책, 1985. (등록번호: 2014090089). 서울: 외무부 통상정책과. 314쪽.

(3) 지식재산권: 소급효 인정 여부

미국 측은 미국에서 특허를 받고 판매 승인을 요청한 물질에 대한 특허권을 인정해줄 것을 요구하며, 개정법 시행 시 계류 중인 제법특허 출원에서 물질특허를 포함하도록 변경하고 인정해줄 것을 주장하였다.[48] 크리스토프(kristoff) 부대표보는 주미 대사관 홍정표 참사관과의 면담에서 미국 측의 입장문에 대해서도 원래는 미 행정부에서 더욱 강경한 내용으로 제출되었지만 한국 측이 수용할 수 있는 방향으로 작성하였다고 설명하며 저작권 소급효는 어떤 형태로든 관철되어야 한다는 것을 강조하였다. 물질특허에 있어서도 특히 파이프라인 제품에 관해서는 미 업계층의 불평 및 압력이 매우 심각한 상황이기 때문에 소급효가 반드시 필요하며, 그동안 한국에서 벌어진 특허 침해의 심각한 수준을 감안할 때도 소급효 문제는 양보할 수 없다고 주장하였다.[49]

(4) 소프트웨어: 단일 입법

미국 측은 미 행정부와 관련 업체는 한국이 저작권과 분리된 소프트웨어 입법을 고수하면 지식재산권 타결에 응할 수 없을 것이라고 강조하며 저작권과 같은 수준의 보호를 보장받고자 소프트웨어 단일 법안을 요구하였다. 스미스 부대표는 주미 대사와의 면담에서 소급효 이외에는 소프트웨어 문제가 가장 중요하다고 강조하며 이는 입법 형식보다 보호 정도를 중시한 데 기인한 것

---

48 외무부 통상정책과. 2015b. 한.미국간 미국 통상법 제301조 관련 협의, 1985-86. 전9권. V.2 1986.2월. (등록번호: 2015100052). 서울: 외무부 통상정책과. 62쪽.

49 외무부 통상정책과. 2015b. 한.미국간 미국 통상법 제301조 관련 협의, 1985-86. 전9권. V.2 1986.2월. (등록번호: 2015100052). 서울: 외무부 통상정책과. 122-123쪽.

이라고 하였다.[50] 야이터 미 무역대표부 대표의 방한 시에도 소프트웨어의 입법 방식이 주요 협의사항 중 하나였고 야이터 대표는 단일 입법에 대한 주장을 철회하지 않았다. 반면 스미스 부대표는 한국 측 입장을 반영한 절충안으로 단일 입법 주장을 포기하고 별개 입법을 하되, 저작권과 동일한 수준의 보호를 보장하고 문화공보부와 과학기술처 등과 같은 합동 시행을 요청하였다.[51]

나. 미국의 협상 주체 및 내부 입장

미국의 협상 주체 및 내부 입장을 살펴보면 다음과 같다. 301조 조사 명령 지시라는 점에서 레이건 대통령의 의지와 적극적 역할이 중요하였다. 심지어 의회에 보호무역주의 동향이 만연했던 상황에서 301조 조사의 결과를 조속히 의회에 전달하는 것은 미 행정부로서 굉장히 중요한 과제 중 하나였다. 보다 중요한 역할을 한 협상 주체는 공식적으로 협상을 주관했던 미무역대표부였고, 그 외에 미 무역대표부에 강력한 압력을 행사한 미 업계들이 또한 비공식적으로 협상에 관여했다고 할 수 있다. 미 업계의 상당한 압력의 한 예로 1985년 12월 미국의 국제지식재산권연맹(International Intellectual Property Alliance)은 미 무역대표부에 한국의 저작권 보호의 부족으로 인한 상당한 경제적 손실을 강조하며 301조 조사를 지지하는 의견을 제출한 바 있다.[52] 이들은 한국이 지

---

50 외무부 통상정책과. 2015d. 한.미국간 미국 통상법 제301조 관련 협의, 1985-86. 전9권. V.4 1986.4-5월. (등록번호: 2015100054). 서울: 외무부 통상정책과. 227쪽.

51 외무부 통상정책과. 2015e. 한.미국간 미국 통상법 제301조 관련 협의, 1985-86. 전9권. V.5 1986.6월. (등록번호: 2015100055). 서울: 외무부 통상정책과. 120-121쪽.

52 외무부 통상정책과. 2014. 미국 통상법 제301조 협상대책, 1985. (등록번호: 2014090089). 서울: 외무부 통상정책과. 150쪽.

난 20년간 급속하게 경제 성장을 이룩하였고, 또한 미국의 개방된 수입시장으로부터 상당한 수혜를 얻어오며 미국과 정치, 경제, 안보적 측면에서 밀접한 관계를 유지해왔지만 한국은 미국의 저작권에 대한 보호를 제공하지 않고 있음을 지적하였다.[53]

보험 문제에 대해서는 미 무역대표부 내부 온건파 입장이 일부 영향을 미친 것으로 볼 수 있다. 그 이유는 보험의 풀 배분 문제에서 미국 측이 1985년 12월 서울 협의에서 요청한 균등배분에서 차별하지 않는 선의 배분으로 입장을 후퇴한 것과 추가 참가 회사의 숫자도 예상보다 적었던 것에서 알 수 있다.[54] 미국 내 시장 개방이라는 공통된 입장에서도 강경파와 온건파가 경쟁하며, 더 나아가서는 자유무역과 보호무역을 강조하는 서로 다른 입장이 지속적으로 경쟁 병립해왔다. 사실 1980년대 미국은 보호주의뿐만 아니라 전통적 자유무역 입장과 온건파도 병존하였다. 자유주의, 수정주의, 보호주의 등의 서로 다른 이념 경쟁 결과에 따라 무역정책의 방향이 변화되었다.

1980년대 미국 무역 구조의 특성 가운데 3가지 세력이 정치적으로 중요하게 작용하였다. 첫째 미국 무역 지위의 하락으로, 무역수지 적자가 가시화되자 무역 문제에 대해 미온적이던 레이건 행정부도 재임 초기부터 그 심각성을 인정하게 되었다. 무역수지가 해결될 기미가 없자 사회 내 보호주의 세력의 영향력이 강화되었다. 둘째, 미국의 무역 의존도가 심화되면서 자유무역정책에 대

53 외무부 통상정책과. 2014. 미국 통상법 제301조 협상대책, 1985. (등록번호: 2014090089). 서울: 외무부 통상정책과. 158쪽.
54 외무부 통상정책과. 2015b. 한.미국간 미국 통상법 제301조 관련 협의, 1985-86. 전9권. V.2 1986.2월. (등록번호: 2015100052). 서울: 외무부 통상정책과. 10쪽.

한 지지가 확대되었다. 첨단 산업과 농업의 수출 의존도가 높아졌으며 반도체나 항공산업의 해외시장 의존도도 높아짐에 따라 행정부의 자유주의정책을 지지하는 반보호주의 세력이 형성된 것이다. 셋째, 미국 경제에 있어 첨단산업이 핵심적 존재인 첨단산업의 세계시장 점유율이 1970년대 말부터 하락하여 1980년대 초부터는 추락하기 시작했다. 첨단산업은 보호주의-자유주의 이분법으로 구분되지 않는 다른 형태의 무역정책을 요구하였는데, 전략적 무역이나 관리무역으로 불리우는 새로운 무역정책이 그것이다. 따라서 미국의 무역정책은 1980년대 관리무역에서 보호주의로 옮겨가게 되었으나 내부의 서로 다른 이해집단과 이념은 지속적으로 경쟁관계 하에 있었다고 볼 수 있다.

1980년대 미국 무역정책에 있어 미국의 정책결정론자들도 상호 경쟁적 입장에 있었다. 전통적 자유무역 입장에 서 있던 집단은 대통령과 경제자문위원회(Council of Economic Advisors)로서, 본래 레이건 행정부의 정당 이념과 일치하였다. 그러나 1982년 GATT 각료회의가 갈등과 실망으로 끝이 나자 이 입장은 동력을 잃게 된다. 온건파에 속하는 집단은 기업의 이익을 반영하는 상무성으로 관리무역 또는 수출자율규제(managed trade activism) 정책을 1985년 중반까지 지속하였다. 이후 실용적 정치경제 입장인 미 무역대표부(USTR), 백악관, 베이커(Baker) 등은 1985년 이후 보호주의의 주도적 역할을 지속함으로써 1986년 301조, 1988년도 종합무역법, 슈퍼 301조 등을 이끌어왔다. 1985년 이후 미국 업계는 의회 및 행정부에 대해 산업 보호를 강하게 요구하였으며 국민도 이에 호응하였다. 미국 의회 내 공화당, 민주당 양당 모두 보호무역에 대해 지지하였다. 미 행정부는 의회 및 업계의 압력에 응하여 보호주의 조처를 강화하거나 주요 무역 상대국에 대한 시장 개방 압력을 증대하였다.

301조와 슈퍼 301조는 자유주의자, 보호주의자, 수정주의자들 간의 각축의 대상이 되었다. 자유주의 옹호론자들은 301조가 미국의 무역정책이 자유주의에서 이탈해가는 불길한 징조로 받아들였다. 레이건 행정부가 이후 슈퍼 301조의 입법화를 받아들였다는 점 또한 이들의 불안감을 증폭시켰다. 보호주의자와 수정주의자들은 미국 무역 적자의 급증이 타국의 불공정 무역 관행에 기인한다고 보고 301조와 같은 강경한 대책으로 해결해야 한다고 보았다. 이들은 불공정무역국들에게 비용을 분담함으로써 궁극적으로 자유주의 국제무역 질서가 강화될 것이라는 주장도 전개하였다. 301조는 자유주의를 이탈하는 것이라기보다는 자유무역에 대한 사회 내 불평에 대한 경고로 받아들일 수 있다고 보기도 한다. 당시 미국 내에서 301조를 둘러싸고 벌어진 각축 과정을 보면 미국 역시 자유무역을 이탈하는 데에 대한 저항 집단과 이념이 보호주의와 병존했다는 점을 알 수 있다.[55]

---

55 이러한 국내 경제구조 및 정치적 갈등은 이후 UR을 통해 미국이 WTO 체제로 넘어가게 한 기반이 되었다고 볼 수 있을 것이다. 부시 행정부는 일본, 인도, 브라질을 우선협상대상국으로 지정하였으나, 이후 소극적으로 집행하였다. 슈퍼 301조는 최소한의 정치적 저항과 부담만을 가져왔다는 점에서 이후 누구도 이를 새로운 통상정책의 상징으로 간주하지 않았다고 평가하기도 한다. 백창재 1994b.

Ⅲ. 협상의 전개 과정과 협상 전략

1. 협상의 전개 과정

미국과의 지재권 논의가 처음 시작된 것은 1983년 3월 제1차 한미 공업소유권 회의였으며 본격적인 협의는 1985년 10월 레이건 전 대통령이 미국 무역대표부(USTR)에 한국의 지재권 보호에 대한 301조 조사 명령을 내린 직후인 11월에 시작되었다. 1985년 12월 9일부터 12일까지 서울에서 진행된 제2차 301조 협상의 주요 쟁점은 미 저작권의 20년간 소급 적용 여부, 화재 및 생명보험에 참여를 허용하는 미 보험회사의 수와 물질특허 보호 시기였다.[56] 여타 사항들에 대해서는 거의 다 합의가 되었지만, 위의 세 사항에 대해서 미국 측은 미 저작권의 20년간의 소급 적용과 화재 및 생명보험에 각각 5개의 미 보험사의 참여, 물질특허의 1986년 중 보호하기 시작할 것을 요구하였다. 이에 대해 한국 측은 저작권의 소급 적용 불가, 화재보험 2개사와 생명보험사 1개사의 허용 계획, 물질특허의 1987년 중 시행이라는 입장을 굽히지 않으며 결국 합의에 도달하지 못하였다.[57]

---

56 외무부 통상정책과. 2014. 미국 통상법 제301조 협상대책, 1985. (등록번호: 2014090089). 서울: 외무부 통상정책과. 305쪽.

1986년 1월부터 시작된 김경원 주미 대사와 스미스(Smith) 미 무역대표부 부대표와의 수차례의 교섭 과정에서 보험과 관련하여 쟁점이 된 사항은 화재보험 풀의 참가와 추가 참가 회사 문제, 협의기구 문제 등이었다. 스미스 부대표는 보험 문제에 관해 1985년 12월 협상에서 요구했던 것보다 다소 신축성 있는 태도를 보이며 양측간 이견이 적은 보험 문제의 선타결을 제안하였다. 미국 측은 미 보험사의 국·공유 건물 및 방위산업체 건물을 보험 프리미엄에서 제외하는 것을 수락하였다. 추가 참가 문제에 대해서도 합의문서에 구체적인 숫자 명시를 거부하는 한국의 요구를 수용하는 대신 스미스 부대표 명의로 추가 참가회사 숫자를 명시한 서한을 주미 대사에게 송부하고 이를 주미 대사가 확인하는 회신하는 방식으로 동 문제를 해결하기로 합의하였다.[58] 그는 보험이 선타결되는 경우 양측의 의견이 크게 대립하고 있는 지식재산권의 조속한 타결에도 분명히 도움이 될 것이고, 4월로 예정된 GSP 검토에도 긍정적인 영향을 줄 것이라고 언급하며 한국 측을 설득하였지만 주미 대사는 한국 정부의 일괄 타결 방침을 전하였다.[59] 보험 문제는 2월 중순까지 추가 참여 회사 수만 제외하고 여타 문제에 대해 이미 양측이 합의를 완료한 상태였다. 보험료 배분 및 화재보험 풀 참여 범위, 세무사항 양해 성립 시한 등에 대해서는 한국 입장이 관철되었다.[60] 하지만 미국 측은 3월 보험업계의 의견을 청취한 이후 미국

---

57 외무부 통상정책과. 2014. 미국 통상법 제301조 협상대책, 1985. (등록번호: 2014090089). 서울: 외무부 통상정책과. 305-306쪽.

58 외무부 통상정책과. 2015b. 한.미국간 미국 통상법 제301조 관련 협의, 1985-86. 전9권. V.2 1986.2월. (등록번호: 2015100052). 서울: 외무부 통상정책과. 168쪽.

59 외무부 통상정책과. 2015b. 한.미국간 미국 통상법 제301조 관련 협의, 1985-86. 전9권. V.2 1986.2월. (등록번호: 2015100052). 서울: 외무부 통상정책과. 7쪽, 44쪽, 77쪽.

보험사가 화재보험 풀에서 국·공유 및 방위산업체 건물에도 참가를 희망한다는 입장으로 변경함으로 인해 다소 협상이 지체되었다. 그러나 3월 말 진행된 주미 대사관 홍정표 참사관과 크리스토프 부대표보와의 면담에서 동 부대표보는 국·공유 및 방위산업체 보험 참여에 대한 요구를 철회하며 한국 측에 보험 합의문안을 전달하였고 5월 15일 주미대사와 스미스 부대표 면담에서 보험 문제가 최종 타결되었다.[61]

원만하게 이어진 보험 관련 협상과는 다르게 지식재산권 협상은 초반부터 교착 상태가 반복되었다. 지식재산권 협상의 최대 쟁점 사항은 소급효 인정 여부였다. 1985년 12월 서울협상에서 미국 측이 제시한 소급효 인정 요청에 대해 불가능하다는 한국 정부의 강경하고 단호한 입장 표명에도 불구하고 미국 측은 소급효 인정은 무조건 관철되어야 한다는 주장을 굽히지 않았다. 1986년 2월 크리스토프 미 무역대표부 부대표부는 주미 대사관 홍정표 참사관과의 협의에서도 지식재산권 문제에서 저작권과 물질특허의 소급효 문제는 핵심 사항이므로 이를 중심으로 협의가 진행되어야 할 것이라고 언급하였다. 특히 미시판 물질(pipeline products)에 관해서 미 업계 측으로부터 상당한 압력을 가하고 있는 상황임을 설명하며 소급효는 어떠한 형태로든 반드시 인정되어야 한다고 주장하였다.[62] 양측이 자신의 입장만을 반복하는 상황이 3월 중순

---

60 외무부 통상정책과. 2015c. 한.미국간 미국 통상법 제301조 관련 협의, 1985-86. 전9권. V.3 1986.3월. (등록번호: 2015100053). 서울: 외무부 통상정책과. 50쪽.

61 외무부 통상정책과. 2015d. 한.미국간 미국 통상법 제301조 관련 협의, 1985-86. 전9권. V.4 1986.4-5월. (등록번호: 2015100054). 서울: 외무부 통상정책과. 226-227쪽.

62 외무부 통상정책과. 2015b. 한.미국간 미국 통상법 제301조 관련 협의, 1985-86. 전9권. V.2 1986.2월. (등록번호: 2015100052). 서울: 외무부 통상정책과. 122-123쪽.

까지 이어지다가 제한된 형태로라도 지식재산권 소급효는 반드시 관철되어야 한다는 미국 측의 계속된 주장에 주미 대사와 로비스트들은 지식재산권의 소급효가 인정되지 않는다면 301조 조기 타결은 기대할 수 없을 것이라는 의견을 제시하였고, 한국 측은 결국 소급효를 인정해주는 방향으로 입장을 변경하였다.[63] 경제기획원은 한미 경제 현안 조기 일괄 타결을 위해 행정지도를 통한 저작권 소급효의 인정과 1980년 1월 1일 이후 출원된 미시판 물질특허의 소급을 보호해주는 내용을 포함하는 훈령안을 외무부에 송부하였다. 주미 대사는 스미스 부대표와의 면담에서 이를 바탕으로 하되 최종 입장은 밝히지 않음으로써 협상에 우위를 점하고자 일부 기간을 단축하고 부대조건을 첨가하는 등 내용을 변경하여 제시하며 협상을 이끌었다.[64]

한국 측의 지식재산권 소급효 인정 의사 표명으로 양국간 지식재산권 협상은 행정지도를 통한 소급 보호 방식과 지식재산권 개정 법률안, 지식재산권 합의형식, 세계저작권협약 및 제네바 협약 가입 시기 등에 대한 협의가 진행되고 양측의 의견 차이가 점차 줄여지자 한국 측은 조속한 일괄 타결을 위한 미국 측의 협조를 요청하였다. 하지만 미국 측은 관련 법안(저작권법, 특허법 등)에 대한 검토가 완료되어야만 301조 종결을 고려할 수 있을 것이라는 입장을 견지하였다.[65] 또한, 5월 초 보험 문제가 거의 최종 합의 단계에 이르자 미국 측은 지

63 외무부 통상정책과. 2015c. 한.미국간 미국 통상법 제301조 관련 협의, 1985-86. 전9권. V.3 1986.3월. (등록번호: 2015100053). 서울: 외무부 통상정책과. 83-85쪽.

64 외무부 통상정책과. 2015c. 한.미국간 미국 통상법 제301조 관련 협의, 1985-86. 전9권. V.3 1986.3월. (등록번호: 2015100053). 서울: 외무부 통상정책과. 223쪽, 265쪽.

65 외무부 통상정책과. 2015d. 한.미국간 미국 통상법 제301조 관련 협의, 1985-86. 전9권. V.4 1986.4-5월. (등록번호: 2015100054). 서울: 외무부 통상정책과. 138쪽.

식재산권에서는 소급효 문제 다음으로 소프트웨어가 가장 중요하다며 저작권과 같은 수준의 보호를 보장받기 위해 저작권과 소프트웨어의 단일 입법을 주장하며, 별개입법을 고수한다면 지식재산권 타결은 어려울 것이라고 강조하였다.[66] 1986년 5월 27일부터 6월 1일까지 야이터 미 통상 대표 일행의 방한 기간 중 진행된 협의에서도 소프트웨어 별개 입법 문제가 가장 큰 현안으로 부각되었다. 한국 측은 제반 사정을 설명하며 별개 입법의 추진을 미국 측에 촉구하였지만, 미국 측은 계속 단일 법안을 고수함으로써 합의에 도달하지 못하였다.[67] 이후 스미스 부대표는 주미 대사와의 면담에서 한국 측 입장을 절충한 방안으로 저작권법과 동일한 수준의 소프트웨어 보호를 전제로 한국 측이 별개 입법을 하되, 문화공보부 및 과학기술처의 합동 시행 또는 상급기관에서 저작권법과 소프트웨어법을 시행하는 것을 요구하였고, 한국 측은 문화공보부와 과학기술처의 합동 시행에 동의하며 동 문제도 합의되었다.[68]

66 외무부 통상정책과. 2015d. 한.미국간 미국 통상법 제301조 관련 협의, 1985-86. 전9권. V.4 1986.4-5월. (등록번호: 2015100054). 서울: 외무부 통상정책과. 227쪽.

67 외무부 통상정책과. 2015e. 한.미국간 미국 통상법 제301조 관련 협의, 1985-86. 전9권. V.5 1986.6월. (등록번호: 2015100055). 서울: 외무부 통상정책과. 113쪽.

68 외무부 통상정책과. 2015e. 한.미국간 미국 통상법 제301조 관련 협의, 1985-86. 전9권. V.5 1986.6월. (등록번호: 2015100055). 서울: 외무부 통상정책과. 120-121쪽, 170쪽.

〈표 1〉 보험 및 지식재산권 관련 301조 협상 연표

일자	내용
1980년대 초반	한국의 해적판 서적과 특허, 상표권 침해에 대한 미국 내 비난 고조
1983~1985	지식재산권 보호에 관한 양측 협의 수차례 결렬
1985. 9. 7.	미 레이건 대통령, 보험 분야 301조 조사 지시
1985. 10. 16.	미 레이건 대통령, 지식재산권 분야 301조 조사 지시
1985. 11. 25~27.	보험 및 지식재산권 301조 비공식 실무협의(워싱턴)
1985. 12. 9~12.	보험 및 지식재산권 301조 실무협의(서울)
1985. 12. 26.	미국 측이 제시한 대안 접수
1986. 1.~7.	김경원 주미 대한민국 대사, 스미스(Smith) USTR 부대표와 교섭
1986. 2. 3.	보험 분야 미국 측의 MOU안 및 Side-letter안 접수
1986. 2.~7.	홍정표 주미 대한민국 대사관 참사관, 크리스토프(Kristoff) USTR 부대표보 간의 실무진 협의
1986. 2. 19~22.	스미스 USTR 부대표 방한 중 부총리 및 관계부처 장관과 면담
1986. 3. 11.	홍정표 참사관, 알가이어(Allgeier) USTR 대표보, 크리스토프 부대표보 및 Self 부대표보 간 301조 관련 보험 MOU 안과 지식재산권 소급효 관련 협의
1986. 4. 24.	미국 측이 제시한 보험 합의문안 접수
1986. 5. 15.	김경원 주미 대한민국 대사, 스미스 USTR 부대표 면담에서 보험 분야 합의
1986. 5. 27~6. 1.	야이터(Yeutter) 미 통상 대표 일행 방한 중 한국 관계부처와의 301조 협의 결과 특허분야 원칙적 합의
1986. 6. 23 ~ 24.	알가이어 USTR 대표보 방한 중 301조 협의
1986. 7. 7.	남홍우 주미 대사관 공사, 알가이어 USTR 대표보와 미결 문제 협의
1986. 7. 16~20.	301조 최종 협의(워싱턴)
1986. 7. 20.	최종 합의
1986. 7. 21.	한국의 보험시장 및 지식재산권 보호에 관한 미 통상법 301조 조사와 관련된 한미 양국 정부 간 합의문서(토의록)에 김경원 주미 대사와 야이터 미 통상 대표 간 서명

출전: 외무부 통상정책과. 2015. 한미간 미 통상법 제301조 관련 협의, 1985-1986. 전9권. V.1-7.
　　　서울: 외무부 통상정책과

2. 한국 정부의 협상 전략

협상 전략으로 일반적으로 다음의 3가지 강성, 연성, 원칙 협상 전략을 제시해 볼 수 있다. 강성 협상 전략(hard negotiator)을 선택하는 협상 대표자는 협상 상황을 '의지의 경쟁(a contest of wills)'이라 간주하여 더욱 극단적인 입장을 취하려 하고 최후까지 저항하였을 때 자신에게 더 나은 결과를 가져올 수 있다고 믿는다. 이 경우 상대 협상 대표자가 반발하여 양측 모두 강성 협상 전략을 구사하는 상황이 초래될 수도 있다. 연성 협상 전략(soft negotiator)을 선택하는 협상 대표자는 분쟁을 피하는 것을 최우선으로 하며 협상안을 타결시키기 위해 양보하기 때문에 종종 협상에 불리한 입장에 처하게 된다. 마지막으로 원칙 협상 전략(principled negotiation)을 선택하는 협상 대표자는 상호 이익(mutual gains)을 찾으려 노력하며 양측 간의 이해(interest)가 충돌하는 경우에는 각각의 이해관계로부터 독립된 공정한 기준에 맞추어 이를 조정한다 (Fisher et al 1991: 임혜란 2003).

협상 전략을 결정하는 데 가장 큰 영향을 미치는 요인 가운데 하나는 국가 간 물리적 힘의 격차라는 체계 수준의 요인일 것이다. 한미 통상협상은 패권국인 미국과 후발개도국인 한국의 힘의 불균형 상태에서 이뤄졌다. 그러나 체계 수준의 요인은 다양한 산업 영역에서의 한미 통상협상 과정을 결정하지는 않는다. 한국의 다양한 영역에 따라, 예컨대 농업, 서비스섹터에 따라, 한국 정부의 협상 전략은 다를 수 있으며, 심지어 제조업 내에서도 자동차, 조선 등 구체적 분야의 협상 과정을 보면 다양한 협상 전략을 선택한 경우도 있다. 1980년대 당시 무역구조의 특성상 한국 정부가 미국 정부에 대해 강성 협상 전략을 취하는 것은 현실적으로 제약이 있었다. 한국 정부는 미국 정부에 대해 무조건 양보하는 수세적인 연성 협상 전략 또는 자신의 입장을 적극적으로 개진하되 상호 협력을 꾀하는 원칙 협상 전략이 선택 가능한 대안이었다.

1980년대 301조 협상 과정에서 한국 정부는 수세적, 방어적 특성의 연성 협상 전략을 선택하였다. 레이건의 301조 조사 명령 이후 한국 정부는 수세적 입장에 서 있었다. 미국시장을 포기할 수는 없다는 실리적 목적 하에, 미국에게 무엇을 달라기보다는 주지 못할 부분을 규정한 후, 주는 경우 좀 더 늦게 주겠다는 방어적 입장이었다. 1980년대 한국의 협상 전략은 시간 벌기와 국내 산업에 대한 적절한 자극 주기라는 두 가지에 집중되어 있었다. 당시 한국은 GSP 지위 및 개도국 지위를 유지하려던 시기였기 때문에 두 가지 중에 시간 벌기에 좀 더 역점을 두었으며, 1990년대부터는 점차 국내 산업에 자극을 주는 것으로 이행되었다고 볼 수 있다. 국내 산업이 유치산업에 대한 보호에서 벗어나 점차 스스로 경쟁력을 갖출 수 있도록 하였다.

> "저는 전략이라는 게 무슨 뭐 거창한 전략이라는 게 아니라 쉽게 얘기하면은 두 가지. 하나는 시간 벌기, 또 하나는 적절한 자극. 우리 국내 산업에 대해서 적절하게 자극을 줘야 하거든요. 그런데 시기적으로 보면 80년대는 우리가 그래도 개도국 지위를 어느 정도 활용할 수 있었던 시기고, 또 국내에서도 실제로 우리 산업이 아직은 좀 레벨이 유망 유치산업을 보호해야 되는 그런 절실했던 시기이기 때문에 앞서 얘기한 시간 벌기하고 적절한 자극 그 두 가지 중에서 시간 벌기에 더 방점을 두지 않나, 그리고 이제 90년대 들어와서는 점점 시간 벌기보다는 국제 경쟁력 강화를 위해 적절한 자극 쪽으로 더 가지 않았느냐 그렇게 생각이 듭니다."[69]

1984년 301조 관련 한미통상 교섭 과정에서 한국 정부의 협상 전략은 공세적인 미국에 대항한 수세적 특성을 보일 수밖에 없었다. 미국시장은 한국 수출의 39%를 차지하는 최대 시장이었으며 대미 수출을 통한 한국의 직, 간접 고용 효과는 145만 명 정도의 주요 무역 대상국이었다. 100억 달러의 미국시장을 포기할 수 없고 지키는 것이 한국의 이익이었다. 한국으로서는 미국에 무엇을 달라는 것보다 주지 못할 부분과 좀 더 늦게 주겠다는 식의 방어적 협상 전략이 당시의 상황에서 보면 최선일 수밖에 없다. 예를 들면 물질특허와 관련한 협상에서 미국은 물질특허를 포괄적으로 이듬해인 1985년 상반기부터 보호하라는 입장이며, 한국은 물질특허를 1987년 중 특허법을 개정하여 그 이후부터 단계적으로 보호하겠다는 입장이었다. 소프트웨어의 경우, 미국은 1985년 중 보호하라는 요구에 비해 한국은 1987년 이후에나 가능하다는 견해가 그 예이다.[70]

당시 한국 정부는 정치적 정통성에 문제가 있었기에 경제적 혁신, 지식기반 산업으로 넘어가기 위해서는 지재권 보호가 필요하다는 자체 합의가 있었다. 1986년 한미 지재권 협상 과정 당시 한국 정부는 미국의 압력도 있었지만 무엇보다 한국의 미비한 지재권 보호를 강화하기 위해 1957년 제정된 저작권법 개정을 추진하고 있었으며, 또한 1988년까지 물질특허제도를 도입하고, 소프트웨어와 반도체 칩 보호를 위한 법규 제도를 검토 중이었다. 따라서 한국의 협상 쟁점은 지재권 보호 대상이 아니라 보호 강화 수준과 방법, 시기에 맞춰

---

69 인터뷰 한영수 당시 상공부 통상정책과장, 2019. 6. 25.

70 동아일보 1985. 12. 13.

져 있었다.[71]

1980년대 한국 정부는 불공정무역국으로 지정되는 것을 '오명'이라고 생각했으며 이것만은 피해야 한다는 입장이었다. 1985년 301조 협상은 미국 공세의 초기였기 때문에 해당 산업의 개방의 어려움에 협상안 마련의 초점이 잡혀 있었다.[72] 그러나 불공정무역국으로 지정되지 않는 것이야 말로 미국과의 통상문제를 완만히 해결하는 계기가 될 것으로 보았다. 가능하면 문제를 빠르게 해결함으로써 장기적인 대미 수출 증대를 도모해야 한다고 봤다.

"불공정무역국 지정이라는 것은 1980년대 우리나라에는 아주 치명적인 걸로 우리가 받아들였어요. 불공정무역국으로 지정되면 그야말로 국가가 망신을 당하는 걸로, 그런 인식들을 가지고 있었어요. 특히 우리 통상 쪽에 있었던 사람들은 한 번 그렇게 되면 그 다음에는 그 불명예를 씻기가 엄청 어렵다, 계속 그런 눈으로 우리를 분류를 하고 우리를 취급을 할 것이다. 이게 참 눈에 보이는 것과 안 보이는 것까지 다 합쳐져서 엄청난 pressure로 왔거든요. 그래서 어떻게 하든지 PFC는 피해야 된다 그런 일념을 가지고 있었어요."[73]

미국이 301조로 압박해오자, 한편에서는 왜 우방인 미국이 양자적 압박을 가해오는지에 대해 비판을 제기하기도 하였다. 그러나 다른 한편에서는 일단

71 최혁. 2008. '최혁의 통상비사,' 12월 무역협회/무역월보.
72 인터뷰 김철수 전 상공부 제1차관보, 2019. 7. 9. 불공정무역국이라는 stigma가 절정에 이른 시기는 1989년 슈퍼 301조 협상 시기였다고 강조하였다.
73 인터뷰 한영수 당시 상공부 통상정책과장, 2019. 6. 25.

이러한 개방이 한국 국익에도 도움이 되는지 살펴볼 필요도 있다는 개방주의자의 목소리도 있었다.[74] 1980년대 개방파 관료들은 시장경제의 중요성을 강조하여 1980년대 말까지 한국 경제의 개방화를 주도하기도 하였다.[75]

레이건의 301조 조사 명령에 대해 한국 정부는 보험시장 개방과 지재권 보호 조치 일정을 단계적으로 제안함으로써 미국 측을 설득할 계획을 세웠다. 한국 정부는 301조의 조기 타결을 목표로 하였고 양측의 상이한 입장을 좁혀나가고자 하는 자세를 취했으며, 보험과 지식재산권을 동시에 타결하여 합의단계에서 일괄 타결을 추진할 계획을 세웠다.[76]

당시 외무부는 GSP 수혜 중지와 지식재산권 보호 압력의 이슈는 연계되어 있었다고 인식했다. 1985년 10월 23일 대한민국 외무부 경제국이 작성한 '대미 통상 대책'에 의하면, GSP 규정 자체가 지적소유권 등의 보호 정도를 판단기준으로 삼고 있기 때문에 지적소유권으로 인해 GSP 수혜 정지 또는 축소 가능성이 크다고 우려하였다. 지적소유권은 한국 정부의 명분이 약하므로 가급적 조기에 입법을 추진해야한다고 보았다. 그를 위해 국내적으로도 지적소유

---

74 인터뷰 한영수 당시 상공부 통상정책과장, 2019. 9. 6.

75 인터뷰 김기환 경제협력위원회 단장 2019. 7. 20. 김재익, 강경식, 사공일과 같은 관료는 개방파에 속한다고 할 수 있다. 주목할 만한 예로, 사공일 경제수석은 UR 우르과이 라운드 이전 서울라운드를 주장했다. 만일 한국이 WTO에 자발적으로 들어가서 그 회의를 서울에서 하게 되면 한국의 이미지가 개선될 것이라고 대통령에게 제언했다. 대통령도 긍정적이었는데 당시 노신영 외무장관은 서울에서 회의를 열게 되었을 때 노동자, 농민이 반대할 것이며 특히 농업시장을 개방하게 되면 현정권 유지에 문제가 발생할 것임을 강조하여 한국이 hosting하면 안된다고 강조하였다고 한다. 김기환 단장은 그런 점이 다소 아쉬운 대목이라고 회고하였다.

76 외무부 통상정책과. 2015a. 한.미국간 미국 통상법 제301조 관련 협의, 1985-86. 전9권. V.1 1985. 11-1986. 1. (등록번호: 2015100051). 서울: 외무부 통상정책과. 54쪽.

권 보호가 불가피하다는 점에 대해 국민의 지지를 확보할 필요성이 있다고 분석하고 있다.[77] 특히 외무부는 국민의 대미 감정이 악화되는 것을 방지하기 위해 미국이 수입 개방을 요청하게 된 배경이 한국시장이 대만, 싱가포르, 홍콩에 비하여 상대적으로 미흡하기 때문이라고 설득하고자 하였다. 지적소유권 보호에 대해서는 미국은 물론 대부분의 선진국이 한국의 지식재산권 보호 문제에 대해 시급한 보호를 요청하고 있다고 설명할 것을 지침으로 하고 있다. 저작권 보호 문제에 있어 한국이 대외적으로 내세울 명분이 약하며 보호 시기를 늦출수록 한국의 입장이 어려워진다는 점을 부각시켜야 한다고 본 것이다.[78]

1986년 7월 21일 301조 협상 타결을 위한 사인을 하게 되자, 당시 협상 실무자였던 최혁 외무부 통상정책과장은 타결 이후 돌아와 상당히 비분강개했다고 회고하였다.[79] 당시 미국은 한국 정부에 협상 타결을 얼마 남기지 않고 기습적으로 행정지도를 통해 소급 보호를 해달라고 요구하였다. 소급 보호 대상에 최근 5년 내에 창작 발행된 컴퓨터소프트웨어를 추가해줄 것을 강경하게 요구한 것이다. 그 결과 소프트웨어는 5년 소급 보호, 도서는 7년 소급 보호 적용을 하게 되었다. 한국은 미국의 요구가 지재권의 국제 규범 및 WTO 기준을 넘어선다는 점에서 강하게 반대하였다. 그러나 미국의 지속적 요구에 대해 한국 측은 물질특허 보호, 행정지도를 통한 소급 보호 등 국제 수준을 넘어서는

77 외무부 통상정책과. 한·미국 통상협력 및 대책, 1985. 전2권(V.2 10-12월). (등록번호: 26849). 서울: 외무부 통상정책과. 88-92, 95-96쪽.

78 외무부 통상정책과. 한·미국 통상협력 및 대책, 1985. 전2권(V.2 10-12월). (등록번호: 26849). 서울: 외무부 통상정책과. 141, 145쪽.

79 인터뷰 최혁 당시 외무부 통상정책과장, 2019. 9. 6. 협상 실무자의 회고는 당시의 협상 과정이 얼마나 절박하게 진행되었는지 잘 알 수 있다.

보호 조치를 수용하게 된다. 대신 미국의 과도한 요구를 수용한 데 대한 반대급부로 미국이 한국에 대한 GSP 공여 연장이나 시카고 운항권 허용, 섬유 수출쿼터 증량 중 최소한 한 가지는 서면으로 보장해야 한다고 대응하였다. 그러나 한국이 반대급부로 요구했던 미국의 GSP 수혜는 연장되지 못했으며, 3년 뒤인 1989년 싱가포르, 홍콩, 대만과 함께 중단되었다. 시카고 취항은 1992년 3월 항공 협상을 통해 이루어졌다.[80]

당시 실무협상 대표였던 최혁 외무부 통상정책과장에 따르면, 미국의 지재권 협상 관련 요구사항을 막기엔 여러가지 이유로 역부족이었다고 한다. 당시 국제 규범은 물질특허 자체를 인정하지 않았으며 소급 적용도 없었던 시기였는데, 미국 측은 이를 행정지도로 해달라는 것이었다. GSP 문제는 통상과는 별개로 진행, 계획되었다는 것을 나중에 알게 되었다. 되돌아 보면 미국은 당시 한국의 통상 관련 양보의 반대급부로 GSP 연장을 요청한 것에 대해 이를 들어줄 상황은 아니었다고 한다. USTR 크리스토프 부대표보는 무역대표부가 이를 연장해줄 수 있는 지위에 있지 않다고 답했다고 한다. 미국 의회의 훈령을 행정부가 실행하고 협의하는 것일 뿐 주고받는 것은 허용되지 않았다는 것이다.[81] 사실 301조는 주고받는 것이 아니라 일방적으로 받기만 하는 것이었다. 301조는 통상의 위반 여부, 보복 판정 등 미국 자신이 결정하는 일방적 성격을 보여준 대표적 정책이었다. 한국 정부가 당시 불공정무역국이라는 오명을 쓰기 싫었다는 요인이 협상 타결을 가져온 제일 큰 동기였다.[82]

---

80 최혁. 2008. '최혁의 통상비사,' 12월 무역협회/무역월보.
81 인터뷰 최혁 당시 외무부 통상정책과장, 2019. 9. 6.
82 인터뷰. 최혁 당시 외무부 통상정책과장, 2019. 9. 6.

한국이 지재권 협상 과정에서 반대급부로 제시했던 사항들은 사실상 모두 연계된 이슈는 아니었다. 한국 정부는 GSP 수혜 중지와 지재권 보호는 연계되어 있다고 인식하였다. 지재권 보호 요구를 받아들이는 대신 GSP 중지 연장을 반대급부로 요구하였으나 결국 이러한 요구는 받아들여지지 않았다. 또한 한국 정부는 한미 항공관계 증진을 위해 시카고 등 추가 운수권을 조속히 부여할 것을 촉구하였다. 특히 보험 및 지재권 등 서비스분야에서 한국이 보인 노력에 상응하도록 미측에 항공 문제에 대해서 적극적 자세를 보여줄 것을 촉구하였다. 그러나 미측은 항공 문제와 여타 문제는 별개로 취급되어야 한다는 입장을 고수하였다.[83]

당시 1980년대 외무부의 입장은 한미간 균형적 통상 확대의 중요성을 강조하며, 수출주도형 정책에서 균형통상 확대정책으로 전환할 필요가 있다고 봤다. 특허법 개정, 미국 보험회사 진출 허용 등 301조 이행과 항공 현안, 전략물자 수출 통제, 환율 조정 등과 관련하여 미국 측의 입장을 최대한 수용하려는 입장이었다. 특히 미국 의회의 보호주의 입법 동향에 대해 우려를 표명하면서 미 행정부의 입법 저지 및 수정 노력을 요구하였다. 미국의 대한 통상 압력이 지속될 경우 한국의 순조로운 정치 발전이 저해될 우려가 있기 때문에 국무부로 하여금 USTR에 한국의 특수 여건 및 정치적 민감성을 강조해야 할 필요가 있음을 지적하도록 하였다. 그러나 USTR은 한국의 내부 정치 상황을 고려하면서 통상압박의 수위를 조절하지는 않았던 것으로 보인다.

다음으로는 한국 정부의 협상 역량에 대해 논의해볼 필요가 있다. 협상 역

---

83 외무부 경제협력과. 2015. 한미경제협의회 1986년 6. 23-24쪽.

량은 협상 과정에서 필요한 협상 논리의 개발, 전문적 협상가의 존재, 협상 부처의 제도적 측면을 통해 이해 가능하다. 지재권 협상과 관련하여 다른 개도국들의 입장과 대응 방식을 잠시 살펴보자. 인도의 경우, 지식재산권 이슈는 무역 관련(trade-related) 사항이 아니라는 입장에 서 있었다. 따라서 GATT 구조에 포함되지 않는다고 주장하였다. 다른 개도국은 지재권 보호보다는 서비스 섹터가 더 중요했으며 서비스시장 자유화에 적극 반대하였다. 사실상 지식재산권 이슈는 남북이슈였다. 개발도상국은 지식재산권 이슈를 무역 협상에 넣는 것을 반대함으로써 국내 기업을 보호하고 가격을 통제할 수 있다고 봤다. 지식재산권을 보호하고 강화하게 되면 다국적기업의 힘을 보다 강화시키는 것이며 기술에 대한 통제를 강화하게 된다고 봤다. 개도국에게 특허권(patent)은 기술 이전의 장애물이며 기술 혁신이란 자본재라기보다 공공재(public good)이기 때문에 경제 발전을 위해 사용되어야 한다. 간디는 1982년 의학 발전은 모든 인간의 생사와 관련된 것으로 공유할 수 있어야 하며 이를 통해 이익을 창출해서는 안된다고 했다.

한국은 왜 인도와 같은 대응 논리를 제시하지 못했는지에 대해 비판받을 수도 있다. 당시 한국 정부는 인도가 제시한 지재권이 공공재라는 협상 논리는 WTO의 기본정신과는 다르다고 생각하였다. 선진국의 개발약품을 공공재로 쓸 수는 없는 것이라 인식하였다.[84] 한국은 인도, 브라질처럼 강력한 통상협상 논리를 개발하지 못했고 그들처럼 강하게 밀고 나가지 못했다.[85] 대신 GATT

---

84 인터뷰 최혁 당시 외무부 통상정책과장, 2019. 9. 6. 인도와 같은 개도국의 협상 논리는 한국 정부의 입장과는 상당히 다른 revisionist적 성향을 보였다고 하였다. 인도는 세계관을 포함하여 사회주의적 성격을 갖고 있는 나라라는 것이다.

는 강력한 국가에 대응하기 위한 최선의 방어벽이라고 생각했고, 지식재산권 보호는 우루과이라운드(UR) 협상을 위해 치러야 하는 대가라고 생각하였다. 또한 지식재산권 보호를 해야 다국적 기업의 투자를 유인할 수 있다고 보기도 하였다. 선진국과 개도국의 논란과 진통 끝에 지식재산권 이슈는 1986년 9월 UR에 포함되어 논의되었다.[86]

1970년대 한국은 미국의 통상법 301조가 무엇인지 몰라서 공부하며 대응을 시작한 경험이 있을 정도로 통상 역량이 미약하였다.[87] 1980년대 한국 정부의 낮은 협상 능력은 협상 전문가의 부재라는 문제와 무관하지 않다. 당시 한국 정부는 1970년대 10년간 자금 사정을 핑계로 관료들을 유학보내지 않았다. 이는 1980년대 초까지 대외관계, 협상 과정에서의 어려움을 가중시켰다. 1985년 이전까지는 그런 점에서 대외교섭 능력이 약화된 시기였으며, 1985년 이후부터는 대외교섭 능력이 조금 높아졌다고도 볼 수 있다. 그러나 여전히 1980년대 초 유학을 다시 보낸다 해도 4-5년이 걸리며 이들이 돌아온 이후 금방 과장급이 될 수 없으므로 1980년대 중반 이후에도 역시 대외교섭 능력은 약했다고 볼 수밖에 없다.[88] 한국의 통상협상 역량은 조직, 인력, 언어 및 내용에 대한 인지의 관점에서 전혀 준비되지 못했다고 볼 수 있다.[89] 그럼에도

---

85 인터뷰 최혁 당시 외무부 통상정책과장, 2019. 9. 6. 인도가 제시한 협상 논리에는 반대했는지 모르나, 인도처럼 강하게 대응하지 못한 것은 속상한 일이었음을 회고하였다.

86 Lawrence 2006. 아르헨티나, 쿠바, 이집트, 니카라과, 나이지리아, 페루, 탄자니아, 유고슬라비아, 브라질, 인도가 개도국의 입장을 반영하였으며, 특히 브라질과 인도가 미국 입장에 가장 강하게 반대하였다.

87 김철수 2014.

88 인터뷰 김기환 당시 해외경제협력기획단장, 2019. 7. 20. 1985년 당시 해외경제협력기획단장인 김기환은 한국 협상 능력의 문제를 유학파의 부재 중심으로 지적하였다.

당시 유학을 다녀온 관료들은 '개방'의 필요성을 절감하고 있었다. 1980년대 불어온 미국의 시장 개방 압력에 대해 국내의 개방파 관료들은 수출 의존도가 높은 한국의 입장에서 개방을 보다 적극적 방안으로 받아들였다.[90]

한국 협상력의 또 다른 문제점은 협상이 끝날 때까지 약점을 보이면 안되는데 그렇게 하지 못한 것이다. 예를 들면, 지재권 막바지 워싱턴 협상에서 한 차례 위기가 닥쳤다. 협상이 거의 타결되어가는 시점에서 미국은 소급 보호 대상에 최근 5년 내에 창작 발행된 컴퓨터 소프트웨어를 추가해줄 것을 요구하면서 이를 수용하지 않으면 협상 타결에 응할 수 없다고 하였다. 당시 한국 정부는 미 상원 청문회가 예정된 7월 22일 이전에 지재권 문제를 타결한다는 방침을 세우고 7월 21일 새벽까지 보도 금지 조건 하에 협상 타결을 알리는 언론 발표문을 국내 언론에 배포해 놓고 있었다. 이러한 사실을 알게 된 미측이 이를 약점 삼아 전혀 논의되지 않았던 컴퓨터 소프트웨어 소급 보호와 행정지도에 관한 문안의 강도를 높일 것을 요구한 것이다. 협상 타결 발표문을 미리 배포함으로써 한국의 입장이 불리해졌고 미국이 이를 이용하게 된 것이다.[91]

언론 기자들 및 국내 이해당사자들은 당시 시장 개방에 대한 비판을 많이 했으나 조직적 세력화를 가져올 정도는 아니었다. 국내 이해집단의 개방에 대한 비판은 대외협상 과정에서 이용할 수 있는 수단이었으나 당시엔 그마저도

---

89   인터뷰 이동휘 국립외교원 명예교수, 1985-1987년 외무부 경제외교자문관. 2019. 7. 25.

90   인터뷰 김기환 당시 해외경제협력기획단장, 2019. 7. 20. 예컨대 김철수, 한덕수, 남덕우, 강경식 등은 개방경제와 시장원리의 이념에 많은 영향을 받은 인물들이다.

91   최혁. 2008. '최혁의 통상비사,' 12월 무역협회/무역월보. 73쪽. 행정지도를 통한 보호문안도 '최선의 노력(make best endeavour to protect)'이 아닌 '방지를 위한 모든 가용수단 사용(use every available means to prevent)'으로 수정할 것을 함께 요구했다.

이용하지 못하였다. 상공부는 해당업체에 대해 보상을 하지 않아도 설득은 하였다. 예컨대 섬유산업의 경우, 섬유 쿼터가 인구에 비하면 적은 것이라고 설득하고, 외부적으로는 쿼터를 더 많이 받으려고 하였다.

마지막으로 협상력은 안정된 협상체제와 연관되어 있다. 한국의 협상체제는 분산형 협상체제이다. 협상 과정에서 부처간 충돌 및 이견이 있을 경우 조정은 대외경제정책조정위원회에서 맡았다. 당시 통상협상 과정에서 대표권은 외교부에 있고, 결정권은 대외경제정책조정위원회에 있었다. 예컨대 GATT의 수석대표는 외교부에서, 다른 소규모 회의는 상공부에서 나가면서도 외교부와 상공부 간의 충돌 및 이견이 존재해왔다.[92] 결론적으로, 1980년대 한미 통상협상의 카드 및 선택지는 없었다. 당시 한국은 협상 경험도 적고 협상 전문가도 없었으며, 협상 시스템이 부재했기 때문에 원하는 건 다 들어줄 수밖에 없었다고 평가되기도 한다. 그럼에도 1980년대의 개방파 관료들은 개방경제의 중요성을 인식함으로써 자발적 개방의 필요성을 역설하였다는 점도 간과할 수는 없을 것이다.

3. 미국 정부의 협상 전략

미국은 강성 협상 전략과 이슈 연계 전략을 사용하였다. 미국은 1970년대 오일쇼크, 스태그플레이션, 2차산업의 경쟁력이 하락하자 첫 번째는 수비적

---

92 인터뷰 이동휘 국립외교원 명예교수, 1985-1987년 외무부 경제외교자문관. 2019. 7. 25.

관점에서 자국의 시장 보호(세이프가드, 자율규제 등)를 추진하였으며, 두 번째는 공세적 입장에서 GATT 강화, 지역주의(EU), 그리고 301조와 같은 양자주의를 병행함으로써 다른 선진국과 신흥개도국의 시장 개방을 강력히 압박해야겠다고 생각하였다. 이때 농산물, 서비스, 지재권, 투자 문제 등에 집중하게 된 것이다.[93] 패권국인 미국이 한국과 같은 후발개도국에 대해 강성 협상 전략을 사용하게 된 것은 힘의 차이라는 체계적 관점에서 당연한 결과였다. 또한 미국 내 보호주의 성향의 의회와 이익집단의 압력도 강성 협상 전략을 지속적으로 사용하게 된 중요한 요인이었다. 보다 구체적으로 미국이 301조와 같은 강경한 협상 전략을 사용하게 된 것은 지식재산권과 관련한 한국 정부의 계획이 국내 관련업계, 특히 국내 출판계의 반발로 유야무야되는 것을 막기 위한 것으로 보인다. 실제 외국인저작권보호규정을 두었던 저작권법개정안이 11대 국회에 상정되었으나 그 처리가 지연돼오다가 11대 국회가 끝나는 바람에 자동 폐기된 것을 미국은 잘 알고 있었다.[94]

미국은 동시에 이슈 연계 전략을 사용하였다. 1985년 12월 6일 GSP(일반특혜관세) 운영에 따른 협의를 했는데, 한국은 미국의 GSP가 당초 취지에서 벗어나 상호주의 도입, 상품 및 서비스 시장 개방과 지적소유권 보호, 투자환경 개선 등 통상법 301조를 관철하기 위한 수단으로 변질될 가능성이 있음을 제기하고 이의 배제를 요청하였다. 그러나 미국은 그해부터 시작된 GSP 제2기의 운영 요령이 바뀌어 상대국의 발전 정도, 해당 품목의 경쟁력, 시장 개방을

---

93 인터뷰 최혁 당시 외무부 통상정책과장, 2019. 9. 6.
94 1985년 10월 23일 동아일보 '한미무역마찰 저작권조약가입 거센압력'

비롯한 상대국 무역 관행 등을 고려해 결정한다는 방침을 밝힘으로써 GSP와 301조 협상의 이슈 연계 전략을 사용하였다.[95] 사실 미국은 기회있을 때마다 301조 협상의 지재권 문제와 GSP 문제를 연계하여 한국이 미국의 지재권을 보호해주지 않을 경우 GSP 수혜를 철폐할 것이라는 압력을 가해왔다. 그러나 지재권 협상 타결이 GSP 연장을 가져오지는 않았다.

　미국은 협상 전략에 있어 다자주의, 지역주의, 양자주의를 병행하면서 상호 자극제로 이용하였다. 예컨대 한국의 양자적 통상 압박을 위해 다자주의 차원에서 GSP 지위 재협상을 동시에 진행함으로써 양자 협상에서의 양보를 이끌어내는 협상 전략을 사용하기도 하였다. 또한, 미국은 의회의 강력한 보호주의 입법 가능성을 막기 위해 행정부의 통상협상을 성공리에 타결해야 한다고 강조하였다. 다른 국가의 지재권 환경을 비교하며 시장 개방을 압박하기도 하였다. 대만 등 다른 후발개도국에 비해 한국의 지재권 보호 여건이 매우 열악함을 제시하면서 압박을 가한 것이 그 예이다.

　미 행정부는 불공정무역국 지정을 모면하려고 노력했던 한국으로부터 최대한의 양보를 이끌어내었다. 이러한 전리품을 과시함으로써 이후 행정부의 슈퍼 301조 입법에 대한 지지를 이끌어냈다. 한국과의 협상 결과는 다른 후발개도국과의 협상에도 실질적 영향을 미쳤다.[96] 슈퍼 301조의 경우에도, 사실상 미국은 한국이 우선불공정협상국 리스트에 선정되는 것을 피하기 위해

95　매일경제. 1985. '보험개방 등 본격협상' 12월 7일.

96　대만에 대한 협상 결과 역시 한국과 유사한 정도의 실질적 양도를 얻어낸 것으로 평가된다. 대만은 378개의 산업품목에서의 관세를 인하하며, 4,700 품목의 관세 인하를 결정하였다. 그 외에서도 수입라이센싱 과정의 간소화, 1990년까지 보험과 은행부문의 개방 등을 약속하였다. (Baik 1994)

많은 부분을 양보할 의지가 있는 것으로 파악하였다. 이들 국가와 양자 협상에 돌입한 이후 미국은 더욱 이들 국가가 우선협상국에 선정되지 않기를 얼마나 원하고 있는지 파악했으며, 301조의 레버리지가 얼마나 유용한지 알게 되었다.(Baik 1993) 미국은 한국과 대만이 슈퍼 301조 리스트 국가로 선정되는 것 자체를 무역 보복과 동일시한 것 같다고 인식하였다. 한국 정부는 한국이 불공정무역국가로 선정되는 오명보다는 실질적 양보를 하는 것이 차라리 낫다고 생각하였다.[97] 미국 행정부 입장에서는 이를 정책의 성공적 결과를 더 높이기 위한 절호의 기회로 인식하며 한국과 대만을 상대로 더욱 통상 압력의 고삐를 당겼다. 미국 부시 행정부는 협상 과정에서 슈퍼 301조의 유용성이 매우 높다는 점에 만족하였다. 한국과 대만은 슈퍼 301조에 의한 우선협상국으로 지정되는 것을 방지하기 위하여 미국에 대하여 대폭적으로 시장을 개방한 바 있다.[98] 이처럼 슈퍼 301조의 입법화 시도에 강한 영향을 준 바 있는 1985년 301조 협상 역시 한국은 불공정무역국이라는 '오명' 보다는 협상 타결을 통해 한미 무역관계를 원만히 해결한다는 입장을 견지한 것으로 볼 수 있다.

---

[97] 당시 미국의 협상 실무진들은 이들 국가가 양도한 카드를 보며 많이 놀랐다고 한다. It was a rather pleasant surprise for the administration. Baik. 46쪽.

[98] 미국은 한국을 대상으로 가장 큰 결과를 얻어냈다. 한국은 농산물, foreign travel, 광고, pharmaceutical wholesales, 과일, 돼지고기, soybean oil and bourbon 등 70개 이상 food items에 대한 수입규제를 phase out했다. 1989년 이후 한국은 농산물시장 개방, 국산화정책 및 외국인투자정책 등에 관하여 많은 양보를 제시하였다고 평가되기도 한다. 정문종 1994.

IV. 협상의 결과, 후속 조치와 평가

1. 협상의 결과와 국내의 반응

301조 협의 과정에서 한국이 결정한 지적소유권 보호 조치에는 물질특허 제도의 도입, 저작권 보호 기간의 확대 적용, 서적의 무단 복제에 대하여 소급 보호 적용, 저작권과 동등한 수준으로 소프트웨어를 보호하는 조치가 포함되었다. 또한 세계저작권협약(UCC, Universal Copyright Convention) 및 제네바 음반 협약(GPC, Geneva Phonogram Convention) 가입을 위해 1987년 상반기 중 국회에 관련 법안을 통과시키는 것, 1987년 말까지 부다페스트 조약에 가입할 계획도 포함되어 있었다.[99]

301조에 관한 한미 통상 협상은 1986년 7월 21일 워싱턴에서 최종 타결되었다. 워싱턴에서 김경원 주미 대사와 야이터 USTR 대표가 합의문서에 서명하였다. 처음에는 입장 차이가 현격했었으나 수용할 것은 수용하고 안 되는 것은 끝까지 거부하면서 점차 합의점을 찾아갔다. 보험시장과 지적소유권 보

---

99 외무부 북미과. 미국 의회의원 및 의원단 방한, 1987. (등록번호: 21027). 서울: 외무부 북미과. 49, 56쪽; 외무부 통상정책과. 한. 미국 통상협력, 1987. (등록번호: 25931). 서울: 외무부 통상정책과. 41쪽.

호를 위한 합의 문제에 서명하였다. 한국의 보험시장은 개방되어 연내에 미국 생명보험회사 지점 1개의 국내 개설이 허용되었다. 한국은 지재권법과 특허법 개정안, 컴퓨터 프로그램 별도 입법안을 1986년 9월 말까지 국회에 제출해 1987년 7월 1일부터 시행키로 하였다. 세계저작권협약(UCC)과 제네바음반협약(GPC), 미생물 특허 보호를 위한 부다페스트 조약(Budapest Treaty)에도 1987년 중에 가입하기로 하였다. 저작권과 특허, 음반 보호 기간도 각각 소유자 사후 50년, 출원공고 후 15년, 20년으로 연장되었으며 상표만 도입하는 것이 허용되고 기술 도입 계약에 따른 외국상표 도입 규제도 철폐되었다. 당시 협상 실무대표인 최혁은 협상 결과가 한국의 지재권 보호 수준에 비해 획기적인 결정이었다고 회고하고 있다.[100]

301조 협상 타결의 배경에는 미국시장의 중요성과 주요 무역국으로서의 실리 추구 목적이 있었다. 미국시장은 우리나라 수출의 최대 시장으로서, 대미 수출을 통한 우리나라의 직, 간접 고용효과는 145만 명 정도로 추정되므로 원활한 통상관계를 유지하는 것이 요구되었다. 또한 미측의 시장 개방 요구에 대해 그동안 한국 정부는 우리나라가 개도국이고, 외채 및 국방비가 증가한다는 점을 들어서 미측 요구에 대응하였지만, 대미무역 흑자가 증가하고 자동차를 비롯한 새로운 상품을 수출함에 따라 이러한 대응 방식은 설득력을 상실하고 있는 것으로 분석되었다. 이에 실리적인 접근 방법을 통해 가능한 문제를 빠르게 해결함으로써 장기적인 대미 수출 증대를 도모하고자 하였다.

100   최혁. 2008. '최혁의 통상비사.' 12월 무역협회/무역월보; 인터뷰 최혁 당시 외무부 통상정책
      과장. 2019. 9. 6.

〈표 2〉 301조 타결내용

구 분	당초 미측 요청	타결내용
특허권	1. 1986.3까지 법개정 및 86년 중 시행 2. 의약 및 화학물질(용도포괄) 보호 3. 특허기간 현행 12년에서 5년 연장 4. 미시판 물질 및 출원중인 특허 보호	1. 1986.9 국회 제출 및 87.7. 시행 2. 좌동 3. 3년 연장 4. 시판되지 않은 일부 품목에 한하여 　행정지도를 통해 보호
소프트 웨어	저작권법에 포괄 보호	별개 입법으로 저작권법과 동일 수준 보호
저작권	1. 1986.3까지 법개정 및 86년 중 시행 2. 저작권 보호기간 현행 30년을 　50년으로 연장 3. 음반 보호(50년) 및 　Geneva 협약 가입	1. 1986.9 국회 제출 및 87.7. 시행 2. 좌동 3. 20년 보호 및 Geneva 협약 가입
보험	1. 화재보험 풀 즉각 참여 2. 1986.6.1까지 일정수의 미국 　생명보험회사 영업 허용 3. 1987년 말까지 3개 손해보험, 　4개 생명보험사 추가 진출	1. 1986.7까지 기진출 2개 회사 참여 허용 2. 1986년 말까지 1개 회사 영업 허용 3. 자격 있는 미 회사의 생명보험, 　손해보험 진출 허용

출전: 외무부 조약과. 1998. (등록번호: 12578) 서울: 외무부 조약과

　　301조 협상 타결 후, 뒤이어 개최된 제5차 한미무역실무위원회에서 부정적
인 국내 여론이 일었던 것으로 보인다. 당시 언론보도에 따르면 미국은 한국과
의 협상에서 모든 것을 달성했으며 한국이 보험시장을 개방하고 지적소유권
보호 조치를 취함으로써 미국은 약 2억 달러의 무역수지 개선 효과를 거둘 수
있었다고 보도하였다.[101] 한국은 제5차 한미무역실무위원회 회의 종료 후 보
험 및 지적소유권 관련 내용을 구체적으로 논의하기 위한 미국의 제안을 정치

101　동아일보. 1986. "미국은 모든 것을 달성했다" 7월 22일.

적 민감성을 이유로 거절하였다.[102]

301조 협상 타결 이후 대부분의 관련업계는 파급 효과를 심각하게 받아들이며 이에 대한 대책 마련에 분주하였다. 물질특허의 경우 정부는 협상 타결 이후 1년 이내 123억 원을 투입, 활성 및 독성시험센터를 신설하고 유전자은행과 생물검정체제를 세운다는 보완 대책을 마련했다. 업계의 경우엔 서로 이해득실이 달라 혼선을 보여주었다. 저작권의 경우 출판인들은 타결 내용조차 정확히 파악하지 못하여 대책 마련에 혼선을 빚었다. 번역물의 경우 세계저작권협약 가입 이전에 나온 책은 소급 적용받지 않는다는 사실도 모르고 그전에 많이 번역해 놓아야 한다는 발언을 하기도 했다. 사회과학부문 출판사들은 협약 비준을 국회에서 적극 저지한다는 대책을 세웠다. 출판업계의 가장 큰 우려는 외국인 출판자본의 국내 진출이었다. 실제로 협상 타결 이후 추진 중이던 복제 계약이 외국 출판사에 의해 일방적으로 거부되는 사례가 늘었다. 소프트웨어의 법적 보호가 발표되자 과기처에 청계천 전자상가 상인들의 항의 전화가 폭주하였다. 이들의 민감한 반응과 달리 소프트웨어 전문업체는 올것이 왔다는 반응을 보이며 정부의 소프트웨어 육성시책에 기대를 걸기도 하였다.[103]

보험시장 개방을 앞두고 국내 생명보험 6개사가 공동으로 합작 진출을 거부하고 나섰다. 이들은 보험시장은 개방하되 국내에 지점을 설치한 후 최소한 3년이 지나 합작투자를 허용해야 한다는 주장을 폈다. 대기업과의 합작으로 진출하는 경우 기존 조직이나 기반을 활용, 미국 보험회사의 국내 시장 지배가 쉽

---

102 외무부 통상정책과. 한·미국 통상협력, 1987. (등록번호: 25931). 서울: 외무부 통상정책과. 26쪽, 32쪽, 43쪽, 49-50쪽, 54쪽.

103 매일경제. 1986년 8. 9. "산넘어 산, 미압력에 무력감"

게 이뤄질 수 있기 때문이다. 미국 측은 1986년 7월 협상 타결 정신에 합작투자를 제한하는 의미가 포함되지 않은 이상 당장 허용해야 한다고 주장하였다.[104]

화재보험 풀의 경우 한미 통상회의에서 2개 외국 손해보험회사에 참여 원칙이 확정됐으나 정작 공동으로 모은 보험료를 어떻게 배분할 것인가의 문제가 대두되었다. 국내업체들은 보험회사 규모(수입보험료)에 맞춰 풀을 배분하자는 입장이었지만 결국 외국회사의 주장대로 균등 배분으로 결론이 났다. 생명보험 업계도 연내에 1개 외국사 진출과 대내 개방에 대비, 모집인 조직을 재정비하고 새로운 상품 개발을 추진하는 등 협상 결과에 대비하였다.

1986년 협상 결과의 득과 실은 무엇인가? 한국은 301조 조건을 수락함으로써, 미국의 지적소유권을 보호하고 한국의 보험시장을 개방함으로써 GSP 협상에서 한국 측에 유리한 입장이 될 것으로 기대하였다. 그러나 돌(Dole) 상원 공화당원이 주축이 된 상원의 무역법안에는 여전히 한국, 홍콩, 대만의 GSP 수혜국 졸업 조항을 포함하고 있으며 이미 청문회도 마친 상황이었다. 이 밖에도 쇠고기, 컴퓨터에 대한 301조 발동촉구 서한이 USTR에 전달된 상황이며, 특히 쇠고기는 야이터 USTR 대표(미국가축협회 회장)의 개인적 관심사였다. 미국 측의 섬유협상, GSP 계획, 쇠고기, 컴퓨터 시장 개방은 사실상 일괄 타결이라는 대원칙이 성립하지 않았던 것이다. 결국 GSP는 연장되지 않았으며 이후 추가 슈퍼 301조 발동이라는 지속적 공세가 가속화되었을 뿐이다.[105]

---

104 매일경제. 1987년 9. 10.
105 정문종 특파원. 워싱턴 1986. 7. 21 동아일보 사설.

2. 협상 결과의 후속 조치

한국 정부는 1986년 7월 301조 협상을 타결하며 결정 내용을 성실하게 이행하기 위해 국내법 개정을 단행하였다. 여기에는 저작권법과 특허법 개정 및 관련 국제 협약에 가입할 수 있도록 절차를 개시하는 것이 포함되어 있었다. 한국 정부 역시 301조 협상 결과를 볼 때 한국이 상당 부분 양보를 한 것으로 이해하고 있었다. 301조 타결 이후 그에 대한 국내 여론의 반발을 이유로 미국이 제안한 제5차 무역실무위원회 회의를 한 차례 연기한 것, 나아가 실무위원회 회의에 앞서 주미 대사에 상공부 통상정책과와 문화공보부가 저작권법 시행령 제정과 관련하여 미국의 관심을 청취하고 참고하되 어떠한 약속도 하지 말라는 지침을 내린 사실에서 이러한 인식이 드러난다.[106]

301조 합의 이후 양자 협상에서 미국은 지식재산권 관련 내용을 이전과 같은 수준으로 주요하게 다루지는 않으나 한국의 후속 조치를 지속적으로 확인하려는 태도를 보였다. 1987년 4월 한미 통상장관 회담 전 미국은 주요 관심 의제에 지적소유권을 포함시켰다.[107] 그러나 실제 회담에서는 일부 한국 상품의 위조 방지 협조 요청을 하는 데 그쳤다고 한다.[108] 1987년 지식재산권과 관련하여 중요한 주체는 오히려 행정부와 독립된 미국 국제무역위원회(ITC: U.S.

---

106 외무부 통상정책과. 한·미국 무역실무위원회 회의, 제5차. Washington, D.C., 1987.1.12.-14. (등록번호: 25880). 서울: 외무부 통상정책과. 6, 11, 17, 90-91쪽.

107 외무부 통상정책과. 구매사절단 미국 및 캐나다 방문, 1987.2.26-3.15. 전2권(V.1 기본문서). (등록번호: 20993) 서울: 외무부 통상정책과. 72쪽.

108 외무부 통상1과. 한·미국 통상장관 회담, 제12차. 서울, 1987.4.20.-21. (등록번호: 21534). 서울: 외무부 통상1과. 25쪽.

International Trade Commission)였는데, ITC에 한국 기업 7곳이 미국 관세법 337조에 의거, 특허권 침해를 이유로 제소되었다.[109]

1987년 1월 한미 무역실무회의에서 미국은 농수산물 상품과 광고업 등 서비스 시장의 추가 개방을 요구했다. 쇠고기, 복합운송서비스 허용, 담배시장확대, 한미 섬유류 수출쿼터 재조정 문제 등을 지속적으로 요구하였다. 미국은 한국이 시장 개방 확대를 게을리 한다면 의회의 고조된 보호주의 압력을 잠재우기 어렵게 될 것이라며 압박하였다.[110]

협상 결과 이후 제3국의 반응의 예로 일본을 들 수 있다. 일본은 지적소유권에 관한 한미 협정과 관련하여 일본 기업들이 미국 기업에 비해 불이익을 받게 된다는 점에서 한국 정부에 꾸준히 시정을 요청해왔다. 일례로 특허권의 경우 미국에서 특허를 받고 한국이나 미국에서 시판되지 않은 상품은 특허권자의 합법적인 승인이 없이는 한국 내에서 동일한 제품의 생산 또는 판매 허가가 불가능해졌다. 일본 정부는 일본 기업들이 한국 내에서 위와 같은 상품을 자유롭게 제조하고 판매하는 것이 어려워졌다는 점에서 일본 기업에 대해 불이익이라고 주장하였다. 한국 정부는 일본에 미국과 동일한 대우를 자동 부여하는 것은 불가능하다고 대응하였다.[111]

---

109 외무부 통상1과. 미국 관세법 337조에 의한 제소, 1987. (등록번호: 2015100137). 서울: 외무부 통상1과. 142-143쪽; 중요 사례로는 ㈜삼성반도체의 DRAM 특허 침해가 있다.

110 매일경제. 1987."미 대한개방요구 끝도 없어," 1월 16일.

111 외무부 경제기구과. GATT(관세및무역에관한일반협정)·QR·NTM(수량규제및비관세조치) 기술그룹회의, 전2권(V.1). (등록번호: 19437) 서울: 외무부 경제기구과. 47-52쪽, 240-242쪽.

3. 교훈

　　국제무역의 역사를 다룬 자료에 미국의 301조가 성공을 거둔 나라 가운데 하나로 한국이 올라와 있다. 당시 협상 실무를 맡았던 최혁 외무부 통상정책과장은 이에 대해 미국의 요구를 상대적으로 많이 수용했다는 의미로 별로 영광스럽지는 못하다고 평가하였다. 그러나 1986년 미국과의 지식재산권 협상은 우리의 지식재산권 제도와 의식을 여타 경쟁국에 비해 10년 앞당기는 결과를 가져왔다고 자평하였다. 당시 정부의 적극적인 선택이 한국의 특허기술 개발은 물론 문화와 예술, 영상, 음악, 오락 서비스, 광고, 상표 창달과 진흥에 기여하여 지식기반경제로 이행하는 초석을 다지는 데 도움이 되었다고 본 것이다.[112]

　　301조에서 타결된 한미 지재권 협상은 사실상 UR 다자간 협상인 1994년 TRIPs의 원형으로 기능하였다. 미국은 1994년 UR 협상을 통해 다자간 무역 관련 지재권 협정을 타결하여 한국과 합의한 수준의 국제적 보호를 달성하는 데 성공한 것이다. 1987년 이후 한국 정부는 UR 지적소유권 협상 그룹 회의 참가 전 경제기획원, 외무부, 상공부, 특허청, 한국개발연구원(KDI)이 함께하는 UR 지적소유권 실무소위원회 회의를 개최하여 매회 공동으로 입장을 정립한 바 있다. 다른 국가들에 비하여 한국은 상당히 협상에 유연하게 임할 수 있었다. 당시 한국은 이미 선진국 수준의 지적소유권 보호를 위한 정책을 채택 또는 추진 중에 있었기 때문이다. 한국은 기본적으로 지적소유권 보호에 대한 다자간 규범 제정에 찬성하였다.

112　최혁. 2008. '최혁의 통상비사.' 12월 무역협회/무역월보. 73쪽.

구체적인 개별 사안에 대하여서는 다음과 같은 입장을 갖고 있었다. 우선 개념 정립 문제에 관해서는 지적소유권의 무역 관련성을 폭넓게 인정하는 입장이었다. 특히 권리자의 권리 남용, 수입 상품에 대한 절차상 차별, 특허권의 과잉 보호 등을 논의에 포함시켜야 한다고 고려하고 있었다. 위조 상품의 범위에 대해서는 논의 대상을 지적소유권 전반으로 확대하는 것에 반대하지는 않았으나 폭넓은 정의를 적용하는 경우 국가 간 합의를 도출하는 것이 어려워질 가능성이 있으므로 그간 토의에 진척이 있었던 상표권 침해 위조 상품 문제에 국한시키는 것이 바람직하다고 보았다.[113] 위조 상품에 대하여 규제 조치를 취할 때에는 이러한 조치가 새로운 무역 장벽이 되지 않도록 하는 것이 중요하다고 강조하였다. 추가적으로 한국은 개도국 우대 조항을 마련해야 한다는 입장을 견지하였다.[114] 이처럼 UR 협정에서 한국은 상당히 여유로운 자세로 협상에 임할 수 있었으며, 후에 한국과의 협상 결과는 TRIPs의 기반이 되었다. 또한 2000년부터 최후진국을 제외한 모든 나라에서 지재권 협정이 이행되었는데 이는 한국보다 13년이 뒤진 것으로 평가하기도 한다.[115]

그러나 301조 협상 과정에서 한국의 협상 전략과 협상 역량을 평가해보면 상당히 아쉬운 점이 많다. 첫째, 1986년 301조 협상 결과는 사실상 1989년

113 외무부 경제기구과/통상기구과. UR(우루과이라운드) 지적소유권 협상그룹 회의, 1987. 전2권(V.1 제1-3차 회의). (등록번호: 2015110013) 서울: 외무부 경제기구과/통상기구과. 76, 414-416, 419쪽.

114 외무부 경제기구과/통상기구과. UR(우루과이라운드) 지적소유권 협상그룹 회의, 1987. 전2권(V.2 제4-5차 회의). (등록번호: 2015110014). 서울: 외무부 경제기구과/통상기구과. 67쪽, 135쪽, 160쪽.

115 최혁. 2008. '최혁의 통상비사,' 12월 무역협회/무역월보. 73쪽.

슈퍼 301조 입법과 실행에 상당한 영향을 미친 것으로 평가 가능하다. 301조의 예기치 못한 성과는 슈퍼 301조 입법화에 긍정적 영향을 미쳤다. 또한 301조 협상에서 한국이 보여준 연성 협상 전략은 슈퍼 301조 협상 과정에까지 영향을 미쳤다. 슈퍼 301조 협상에서도 한국은 많은 부분을 양보하는 연성 협상 전략을 지속하였으며 그로 인해 우선협상대상국에 지정되는 것은 피할 수 있었다. 당시 미국에 강경 대응한 일본, 인도, 브라질은 1989년 슈퍼 301조에 의하여 우선협상국으로 지정되었다.[116] 그러나 이들 나라들이 미국에 강하게 반발함으로써 결국 미국은 슈퍼 301조 절차를 통한 보복 조치를 취하지 않았으며 실질적 성과도 이들 나라로부터 얻지 못한 것으로 평가되고 있다. 일본, 인도, 브라질이 강경 대응한 근거로는 일방적인 판단에 의한 슈퍼 301조의 발동은 GATT의 정신에 위배되며, 불공정무역의 경우라 해도 그것은 GATT에서 해결될 사항으로 미국의 조치에 찬성할 수 없다는 데 근거하고 있다.[117] 일본, 브라질, 인도 등 3개국은 슈퍼 301조가 GATT의 다자간무역체제의 기본 이념을 부인하는 일방적 무역 조치임을 지적하며 보복을 전제로 한 협상에 응하지 않겠다는 강경한 자세를 보임으로써 결국 미국은 슈퍼 301조에 따른 보복 조치를 취하지 못하였다.[118]

---

116 인터뷰 김철수 당시 상공부 제1차관보 2019. 7. 9. 인터뷰에 의하면, 당시 한국이 불공정무역국이라는 오명을 피하기 위해 많은 부분을 양보하며 협상 타결에 이른 이후, 미국이 일본, 브라질, 인도를 불공정무역국으로 지정하지 않는다는 소식이 비공식적으로 들려왔다고 한다. 이에 한국 정부는 상당히 곤혹스러운 상황에 처했는데, 며칠 후 결국 미국은 이들 정부를 불공정무역국으로 지정하게 됨으로써 정부가 한시름 놓았다는 비화를 공개하기도 하였다.
117 정문종 1994, 2쪽.

혹자는 슈퍼 301조에 의하여 미국이 성공한 경우는 한국과 대만뿐이라고 혹평하기도 한다. 그러나 당시 한국 정부의 항변은 조금 다르다. 한국은 특히 우선협상국대상 리스트에 오르는 것 자체는 피해야 한다고 생각하였다. 또한 한국이 1980년대 말 주요 무역국으로 성장하면서 시장 개방의 흐름은 피할 수 없으며, 문제는 시간과 개방의 정도라고 보았다.[119] 한국 정부의 목표대로 우선협상국으로 지정되는 것은 피할 수 있었다. 그러나 우선협상국으로 오른 국가들이 실질적인 보복을 당하지 않았다고 하는 점을 다시 한번 주목할 필요는 있다. 1985-86년 301조 협상 사례 역시 한국이 일단 협상 논리를 개발하여 원칙 협상 전략을 택했더라면 어떤 결과를 가져왔을지 재고해볼 필요는 있다.

둘째, 1980년대 미국이 사용한 301조와 슈퍼 301조는 미국의 기대를 넘어선 성과를 가져왔다. 301조는 시장 개방을 위한 압력 수단으로 사용되었으며, 협상 대상국들이 강경 대응하여 문을 열지 않을 경우 보복 수단으로 사용하고자 하였으나, 실제적으로 사용하지는 않았다. 미국 내에서도 보호주의 무역정책과 301조와 같은 일방주의적 수단에 대해 우려의 목소리가 있었다. 즉 미국 내에도 자유주의, 보호주의, 수정주의라는 서로 다른 이념과 이를 지지하는 다양한 이해 세력이 병존하였다. 미국은 1980년대 양자적 보호주의를 강화하는 방향으로 갔지만 동시에 UR와 같은 다자주의 접근을 병행함으로써 결국 1990년대 WTO 시대로 넘어가게 된 것이다. 한국은 불공정무역국 리스트에

---

118 이상환 2000, 189쪽.

119 인터뷰. 김철수 당시 상공부 제1차관보 2019년 7월 9일. 김철수 전 장관은 1989년 슈퍼 301조를 앞세운 미국과의 통상 마찰 현장에서 협상 전략을 지휘하고, 농산물시장 개방의 문을 열게 한 우루과이라운드 협상에서 정부 수석대표로 활약하였다.

오르는 것을 국가적 '오명'으로 인식하였으며, 301조는 압력 수단을 넘어선 실질적 보복 조처라고 생각하여, 한미 무역협상 과정에서 연성 협성 전략을 사용하게 될 수밖에 없었다. 301조를 단순한 협상'수단'으로 인식하고 좀 더 원칙적인 관점에서 협상에 임했더라면 한국의 협상력과 협상 기술이 보다 축적되는 계기가 되었을 수도 있었다.

셋째, 최근 미중 무역전쟁은 사실상 1980년대 미국이 일본을 대상으로 벌인 무역 분쟁 및 보호주의와 어느 정도 맥을 같이한다고도 볼 수 있다. 일본이 미국과의 무역 흑자를 넘어서 미국 패권에 도전하는 양상을 보이자 미국은 1985년 플라자합의와 일본 및 무역 흑자국을 대상으로 보호주의 무역정책을 펼친 바 있다. 오늘날 미국은 중국이 무역 흑자 뿐만 아니라 환율 갈등, 그리고 다양한 영역에서 미국 패권에 도전하는 양상을 보이자, 중국의 기술패권 부상을 저지하기 위한 본격적인 대응 조처를 시작한 것이다. 1980년대와 달리 패권경쟁은 보다 본격화되었으며 장기화될 가능성이 적지 않다. 보호무역이 다자주의와 병행되지 않고 지속되어 있어 우려의 목소리도 높다.

넷째, 1980년대는 한국이 본격적으로 국제통상체제에 편입된 시기이며, 한국의 협상체제를 발전시킬 수 있는 시기였다. 앞서 지적했듯이 한국은 1980년대에도 협상 인력, 정보, 협상체제 등 구조적 문제를 지니고 있었다. 미국은 USTR이라는 강력한 통상체제를 통해 공격적 통상 전략을 구사하였다. 1980년대 당시에도 미국과 같은 KTR를 만들어보자는 논의가 있었다. 공격형에서는 독립적 통상체제가 유리하며, 한국과 같은 수세적 통상형에는 분산된 통상체제가 낫다는 논쟁이 지속되었다. 통상 전담부서 설치의 필요성은 강력한 조정력 때문인데 이런 측면에서 전담부서는 대통령 직속으로 설치되어야 하지만 이런 경우 대통령의 정치적 부담을 가중시키는 경향이 크다. 당시에는 통상 이슈가 단일한 경우는 해당 부처 중심으로, 이슈가 다양할 때, 예컨대 지재권과 같은 경우에는 외무부가 대표권을 갖고 임하게 되었다. 당시 경제기획원의 해외경제협력위원회 주도 하에 대외경제장관회의, 차관급 고위급 실무회의 등 많은 회의를 통해 논의를 조정해나갔다. 이후 통상교섭본부가 생겨 집중되었으나, 여전히 인적 자원 및 언어, 정보의 문제가 있었다. 외교통상부 내 통상교섭본부가 위치해 있다가 박근혜 정부 시기 산업자원부로 이관되어 산업통상자원부로 변경되었다. 이 경우 재경부의 역할도 나름 있으나, 문제는 산자부가 그 조정의 문제를 여전히 담당해야 하는 어려움에 봉착하게 되었다. 일반적으로 통상과 관련된 업무의 60%가 국내 업계 등 현황 파악과 이해관계 조정, 20%가 테이블 협상, 20%가 후속 조치와 점검이라고 할 수 있다. 통상 문제는 분야마다 많은 부처가 관련되는 문제라는 점에서 정부 부처간의 팀워크와 조정 능력이 요구되며 이를 위해 어떠한 통상 조직을 발전시켜야 하는가 하는 문제가 남아 있다.[120] 외교부가 한미관계 전반을 다루는 틀 내에서 통상 문제의 대외교섭 문제를 맡는 것이 좋겠다고 보는 입장과 관련하여 전문가들의 견

---

[120] 세계각국의 통상 조직은 일반적으로 다음의 3가지 운영체계, 산업통상형, 독립부처형, 외교통상형으로 나눌 수 있다. 산업통상형은 현재 우리의 통상산업자원부처럼 산업담당 부처에서 통상 문제까지 겸하는 시스템으로 일본 및 독일 등에서 운영된다. 독립부처형은 미국의 무역대표부(USTR)처럼 별도 통상 조직을 두는 방식이다. 이 두가지 형은 수출지향적 국가들이 선호한다. 반면 김대중 정부가 택했던 외교통상형은 캐나다와 벨기에 등 유럽연합 호주 등 자원 수출국이거나 제조업 비중이 낮은 국가, 경제 규모가 작아 통상 문제가 큰 비중을 차지하지 않는 국가가 운영한다. 따라서 외교, 안보를 중시하고 통상업무는 부수적으로 맡는 경우이다. 우리나라처럼 미국과의 안보외교가 중요하면서 첨예한 이해관계가 걸린 통상업무를 병행하는 데 많은 문제가 있어 어떤 통상 조직이 더욱 효율적인가에 대해서는 여전히 이견이 있다. 『주간한국』. 2001. 7. 8. 임혜란 2003 a.

해가 여전히 다양하게 나타나고 있다.[121]

　한국의 통상 시스템의 분산적 특성상 통상 협의에서 어느 부처가 대표를 맡을 것인가를 놓고 영역 싸움을 해왔다.[122] 외교부와 산자부의 영역 다툼은 한국통상협상체제의 구조적 문제에 기인한다.[123] WTO와 같은 큰 회의에서의 수석대표는 외교부에서, 작은 회의는 산자부에서 나가나 이를 둘러싼 갈등이 빈번히 일어난다. 외교부는 협상과 관련된 자세한 내용을 숙지하기 어려우며, 그러다 보니 많은 경우 자연히 충돌되는 경우가 종종 있었다. 외교·안보·정치의 문제는 외교안보실장이, 경제 문제는 경제비서관실에서 관장하는 분할 구조에도 문제가 있다. 탑 레벨에서 이 둘을 같이 고려해야 하는데 그렇게 하지 못했다는 것이 문제이다.[124] 최근 미국과 일본의 수출 규제 및 무역 전쟁의 양상을 보면, 안보와 경제정책이 연계되어 진행된 반면 한국은 현재에도 외교부와 산자부로 나뉘어 있듯이 이 둘의 연계정책이 아쉽다. 그 원인은 경제와 정치의 학문적 인식의 차이 때문이기도 하나 관료 조직의 파벌적 분화 때문에 그렇기도 하다. 윗선에서의 외교와 통상에 대한 융합적 상호인식이 필요한 시점이다.[125]

121　인터뷰. 최혁 당시 외무부 통상정책과장 2019. 9. 6.

122　동아일보. 1989. "한미 통상협상 왜 양보만 하는가?" 10월 9일. 한국은 한미통상협의를 위해 1989년 10월 10일 칼라 힐스의 방한을 앞두고 정부의 어느 부처가 제1상대역을 맡을 것인지를 놓고 외무부와 상공부가 영역 싸움을 재연하는가 하면 힐스 대표를 위한 공식 만찬을 서로 주최하겠다고 다투었다.

123　인터뷰 김기환 당시 해외협력위원회 단장 2019. 7. 20.

124　인터뷰 이동휘 국립외교원 명예교수, 1985-1987년 외무부 경제외교자문관. 2019. 7. 25. 미국의 사례를 보면, NEC와 NSC가 NSEC로 운용되었으며, 윗선의 융합적 상호작용이 많았다. 국가안보보좌관실에서 경제적 이슈를 많이 다룬 것도 한 예다.

125　이동휘 2019.

부 록

[자료 1] 한국의 보험 및 지적재산권에 대한 미국의 301조 조사 개시 · · · · · · · · · · · · · · 101

   1. 레이건 대통령의 무역정책/조치계획 발표: 한국 보험시장에 대한 301조 조사
     (1985.9.23.)

     외무부 통상정책과. 2006. 한.미국 통상협력 및 대책, 1985. 전2권. V1. 3-9월.
     (등록번호: 25884) 서울: 외무부 통상정책과. 96-99쪽.

   2. 불공정 무역관행에 대응하기 위한 레이건 대통령의 조치: 한국 지적재산권에
     대한 301조 조사 (1985.10.16.)

     외무부 통상정책과. 2006. 한.미국 통상협력 및 대책. 1985. 전2권. V2. 10-12
     월 (등록번호:25884) 서울: 외무부 통상정책과. 34-36쪽.

레이건 미 대통령은 대외불공정무역관행을 제거하고 자국수출을 진흥하기 위해
USTR로 하여금 다자적, 양자적, 지역적 협상을 병행할 것을 강조하였다. 미국은
한국과 이전까지 2년동안 지적재산권 이슈에 관해 협상을 했으며 한국 역시 지재
권 보호를 위한 국내법 개정을 약속한 바 있으나 아직까지 실행되지는 않았음을
비판하였다. 미 대통령은 USTR로 하여금 한국의 보험시장 개방과 지재권 보호를
위한 301조 조사를 지시하였다. 미국의 301조 조사 지시는 자유롭지만 공정한 무
역을 위한 조처임을 거듭 밝히고 있다.

[자료 2] 한미 301조 실무협상 (서울, 1차 공식회의) (1985.12.9.–11) · · · · · · · · · · · · · · · · 108

   1. 훈령(안)

     외무부 통상정책과. 2014. 미국 통상법 제301조 협상대책, 1985. (등록번호:
     2014090089) 서울: 외무부 통상정책과. 252-256쪽.

   2. 협상결과 보고

외무부 통상정책과. 2014. 미국 통상법 제301조 협상대책, 1985. (등록번호: 2014090089) 서울: 외무부 통상정책과. 274-276쪽.

 3. 협상 결과에 대한 미국 측 검토 초안 (1985.12.26.)
　　외무부 통상정책과. 2014. 미국 통상법 제301조 협상대책, 1985. (등록번호: 2014090089) 서울: 외무부 통상정책과. 320-324쪽.

301조 실무협상을 위한 초기 훈령안은 미측 입장과 한국의 입장에 상당한 차이가 있음을 잘 드러내고 있다. 그럼에도 실무협상을 통해 보험과 지적소유권 분야의 많은 부분에서 양국의 의견이 좁혀졌다. 그러나 화재 및 생명보험에 참여를 허용하는 미 보험 회사수와 물질 특허 보호시기를 둘러싸고 이견이 지속되어 협의가 중단되기도 했다. 미측의 301조 철회까지는 많은 난관이 예상되는 시점임을 알 수 있다.

[자료 3] 교섭 과정 · 121
 1. Smith USTR 부대표의 김만제 부총리 앞 서한 (1986.3.6.)
　　외무부 통상정책과. 한.미국간 미국 통상법 제301조 관련 협의, 1985-86. 전9권. V.3 1986.3월. (등록번호: 2015100053) 서울: 외무부 통상정책과. 123-126쪽.
 2. 김경원 주미대사와 Smith 부대표 교섭 사례 (1986.3.27.)
　　외무부 통상정책과. 2015. 한.미국간 미국 통상법 제301조 관련 협의, 1985-86. 전9권. V.3 1986.3월. (등록번호: 2015100053) 서울: 외무부 통상정책과. 264-269쪽.
 3. Yeutter USTR 대표의 김만제 부총리 앞 서한 (1986.6.12.)
　　외무부 통상정책과. 2015. 한.미국간 미국 통상법 제301조 관련 협의, 1985-96. 전9권. V5 1986. 6월. (등록번호:2015100055) 서울: 외무부 통상정책과. 201-202쪽.

USTR Smith 부대표(1986.3.6.)는 보험과 지적재산권 301조 문제를 빠르게 해결하기 위해 한국 정부의 빠른 대응을 촉구했다. 특히 지적소유권(저작권, 물질특허)의 소급효 인정이 필요함을 체계적으로 설명하였다. 그 외에도 한국의 소고기, 소형 컴퓨터, 담배 수입 자유화 문제도 언급하였다. 김경원 주미대사와 Smith 부대표 교섭결과 (1986.3.27.) 한국의 기본입장은 소급효 인정 문제는 국내정치적으로 매우 민감한 사안이라 입법을 통한 보호는 절대 불가하며 301조 이외의 분야에서는 적극 성의를 보여 일괄타결할 생각이라고 피력하였다. 그러나 미측은 일정한 소급효를 반드시 확보해야 할 것이라는 입장을 재천명하였다. Yeutter (1986.6.12.)는 김만제 부총리 앞 서한을 통해 서울방문시 지재권 문제를 해결하지 못함에 매우 실망했음을 표명하였고, 그 외 소고기와 담배 시장 자유화에 대한 이슈도 언급하였다.

  1. 한국 측 초안
    외무부 통상정책과. 2015. 한.미국간 미국 통상법 제301조 관련 협의, 1985-86. 전9권. V.6 1986.7월1일~7월20일. (등록번호: 2015100056) 서울: 외무부 통상정책과. 191-200쪽.
  2. 한미 301조 협상 타결 보고서
    외무부 통상정책과. 2015. 한.미국간 미국 통상법 제301조 관련 협의, 1985-86. 전9권. V.7 1986.7월21일~7월31일. (등록번호: 2015100057) 서울: 외무부 통상정책과. 164-172쪽.

한국측 초안에는 지적재산권과 관련하여 저작권, 특허권, 이행방법 등에 관한 상세한 내용이 포함되어 있다. 특히 Korea-U.S. Economic Consultation Trade Subgroup의 주관하에 협상타결의 이행과정이 진행될 것을 강조하였다. 한미 301조 협상타결 보고서는 양측 실무 대표단 구성, 협의 및 타결 경위를 보여주고 있다. 특히 타결 과정에는 미측이 소프트웨어 소급효를 새로운 이슈로 제기하여 협상이 지연되다 결국 소프트웨어 소급효 관련 문안 합의를 이끌어냈음을 알 수 있다. 1986년 7월 16일부터 시작된 협의는 7월 20일에 타결되었으며, 특히 행정지도 및 약속의 이행과 관련한 표현 문제를 둘러싸고 양측의 기싸움이 여실히 드러나 있다.

1. Record of Discussion
    외무부 통상정책과. 2015. 한.미국간 미국 통상법 제301조 관련 협의, 1985-86. 전9권. V.8 1986.8~10월. (등록번호: 2015100058) 서울: 외무부 통상정책과. 151쪽.
2. 보험 관계 서한
    외무부 통상정책과. 2015. 한.미국간 미국 통상법 제301조 관련 협의, 1985-86. 전9권. V.8 1986.8~10월. (등록번호: 2015100058) 서울: 외무부 통상정책과. 152-156쪽.
3. 지적소유권 관계 ROU
    외무부 통상정책과. 2015. 한.미국간 미국 통상법 제301조 관련 협의, 1985-86. 전9권. V.8 1986.8~10월. (등록번호: 2015100058) 서울: 외무부 통상정책과. 160-163쪽.
4. 행정지도 설명 서한
    외무부 통상정책과. 2015. 한.미국간 미국 통상법 제301조 관련 협의, 1985-86. 전9권. V.8 1986.8~10월. (등록번호: 2015100058) 서울: 외무부 통상정책과. 164-166쪽.
5. Yeutter 명의 Side Letter
    외무부 통상정책과. 2015. 한.미국간 미국 통상법 제301조 관련 협의, 1985-86. 전9권. V.8 1986.8~10월. (등록번호: 2015100058). 서울: 외무부 통상정책과. 167-170쪽.

301조 합의문서는 record of discussion, 보험관계 서한, 지적소유권 ROU, 행정지도 서한, Yeutter 명의 Side Letter를 포함한다. 미측은 서한과 Side Letter를 통해 301조 타결에 대한 감사표시와 이후 성공적인 실행을 위한 한미 공동노력을 강조하였다. 행정지도와 관련해서 미측은 한국정부가 모든 수단을 강구하여 지적재산권 보호를 위해 노력해 줄 것을 촉구하였다. 301조 합의사항 실행과정은 Korea-U.S. Economic Consultation Trade Subgroup 주관하에 진행할 것을 강조하였다.

[자료 6] 대미 301조 합의사항 후속조치 · 169
외무부 통상정책과. 2015. 한.미국간 미국 통상법 제301조 관련 협의, 1985-86. 전9권. V.9. 후속조치. (등록번호: 2015100059). 서울: 외무부 통상정책과. 147-154쪽.

대미 301조 합의사항 후속조치로 화재보험 영업인가 및 풀 참여 허용, LINA 사에 대한 생명보험 영업인가, 세계저작권 협약(UCC) 및 제네바 음반협약(GPC) 가입을 위한 국회통과 및 가입서 기탁, 부타페스트 조약 가입서 기탁 예정, 그리고 저작권법, 특허법은 국회 계류 중임을 알리는 등의 후속조치를 시행하였다.

1. 레이건 대통령의 무역정책/조치계획 발표: 한국 보험시장에 대한 301조 조사 (1985.9.23.)
   외무부 통상정책과. 2006. 한.미국 통상협력 및 대책. 1985. 전2권. V1. 3~9월.
   (등록번호: 25884) 서울: 외무부 통상정책과. 96~99쪽.

SEP.23 '85 12:54 KOREAN EMBASSY WASHINGTON DC   P.002

THE WHITE HOUSE

Office of the Press Secretary

FOR RELEASE AT 11:30 A.M. EDT
MONDAY, SEPTEMBER 23, 1985

The President's Trade Policy Action Plan

FACT SHEET

The President's trade policy is based on five principles:

1. Free trade and fair trade are in the best interest of the
   citizens of the United States. Free trade produces more
   jobs, a more productive use of our nation's resources, more
   rapid innovation, and a higher standard of living. Free
   trade also advances our national security interests by
   strengthening the economic and political systems of our
   allies. Fair trade based upon mutually acceptable rules is
   necessary for support of free trade.

2. The United States plays the critical role in ensuring and
   promoting an open trading system. If the United States
   falters in its defense and promotion of the free worldwide
   trading system, the system will collapse, adversely
   affecting our national well-being.

3. The United States' role does not absolve our trading
   partners of a major obligation to support a more open
   trading system. This obligation includes: dismantling
   trade barriers, eliminating subsidies and other forms of
   unfair trade practices, and entering into trade
   liberalization negotiations in the GATT.

4. The international trading system is based upon cooperation.
   Since World War II, we have made significant progress in
   moving toward an open worldwide trading system.
   Protectionism threatens to undermine the system. Our
   trading partners must join us in working to improve the
   system of trade that has contributed to economic growth and
   security of ourselves and our allies.

5. America has never been afraid to compete. When trade
   follows the rules, and there is an equal opportunity to
   compete, American business is as competitive as any. This
   is fair trade and we will not impair it. When these
   conditions do not exist, it is unfair trade, and we will
   fight it.

The President has taken a number of actions to translate these
principles into policy.

Making Free Trade Fair Trade

The President will vigorously pursue U.S. rights and interests in
international commerce under U.S. law and the GATT, and will see
that other countries live up to their obligations and trade
agreements with the U.S. More specifically:

1. The President will attack foreign unfair trade practices.
   The President has directed the United States Trade
   Representative to initiate or accelerate unfair trade
   practice proceedings, the first time done so by a President
   of the United States. Other actions, when appropriate, will
   be taken. Proceedings accelerated or initiated so far are:

MORE

0096

- o Japanese leather and leather footwear import restrictions;

- o European Community canned fruit subsidies;

- o Korean insurance policy barriers;

- o Brazil's import restrictions on micro-electronics products; and

- o Japanese tobacco restrictions.

2. To discourage our trading partners from seeking unfair advantage by using predatory credits to subsidize their exports, the President will propose that Congress approve a fund of $300 million in grants which would support up to $1 billion in tied-aid credits to maintain U.S. markets in the face of this practice.

3. The President has directed the United States Trade Representative to initiate and accelerate both bilateral and multilateral negotiations with countries where the counterfeiting or piracy of U.S. goods has occurred. The Administration will increase efforts to protect intellectual property rights (patents, copyrights, trademarks), with a view toward possible legislative or administrative initiatives.

4. The President has directed that a strike force be established among the relevant agencies of the Federal Government, with the task of identifying unfair foreign trade practices and executing the actions necessary to counter and eliminate the unfair practices.

5. The President has directed the Secretary of State to seek time limits on the current discussions with Japan designed to open access to specific Japanese markets, at the end of which specific commitments will be evaluated and follow-up procedures begun. New sectors will be added that offer the promise of expanded U.S. exports.

Promoting Free Trade and Exports

The United States is a great trading nation. The health of our economy depends on both exports and imports. The President's goal is to preserve as free and open a trading system as possible. A free and open system will be a fair system.

1. The President seeks to engage our trading partners in multilateral negotiations in the GATT to achieve freer trade, increase access for U.S. exports, provide more effective dispute resolution, and strengthen the fabric of the international trading system.

   The President wants to use the multilateral negotiating process to eliminate unfair trade practices and improve access for U.S. exports, particularly agriculture and high technology, and address newer forms of international trade problems, including intellectual property protection, services trade, and investment issues.

2. The President will also explore possible bilateral and regional trade agreements that would promote more open trade and serve U.S. economic interests.

3. The President has directed the Secretary of Commerce and the Economic Policy Council, in conjunction with the President's Export Council, to review current export promotion activities with a view toward strengthening them and increasing private sector involvement. The Commerce Department will also work with state governments interested in expanding their export promoting activities.

MORE

4.　To better assist workers in adjusting to the dynamics of the world trading system, the President has directed the Secretary of Labor and the Economic Policy Council to review existing worker assistance programs to assure that they promote an effective policy that contributes to maximum capacity for change, mobility, and increased productivity.

Improving the World and Domestic Economic Environments

The trade deficit has grown because economic difficulties abroad have persisted while the U.S. has been more successful in utilizing our economic opportunities. Better balance in world economic performance must be achieved.

1.　To do our share in achieving the needed balance in the world economy and lowering the value of the dollar, the United States must reduce excessive government spending. The President will hold Congress to no more than the spending levels established in the Senate budget resolution.

2.　The President will press for his tax reform proposal, which is essential to strengthening the economy and making U.S. businesses more competitive in international markets.

3.　The President has directed the Economic and Domestic Policy Councils to review, and if warranted, seek to amend antitrust laws that impede our international competitiveness. The President will also use the trade leverage created by dynamic deregulation to seek to open foreign markets.

4.　The President authorized the Secretary of the Treasury to join his counterparts from other major industrial countries yesterday to announce measures to promote stronger and more balanced growth in our economies and the strengthening of foreign currencies. This will provide better markets for U.S. producers and improve America's competitive position.

5.　The United States is prepared to consider the value of hosting a high-level meeting of the major industrial countries to review, implement and build upon the Group of Ten monetary studies by considering in a cooperative fashion, the policies and performance of the major industrial countries, and how these can be improved to promote convergence toward non-inflationary growth.

6.　The President has also directed the Secretary of the Treasury to use the international financial institutions to encourage debt-burdened LDCs to reduce government impediments to the functioning of markets, encourage private sector production, and substitute equity capital for debt by encouraging both domestic and foreign investment.

Legislation which would reflect the President's principles and policies would include:

1.　Trade Negotiating Authority.

Authority to support trade negotiating initiatives including:

-- a new round of negotiations;

-- elimination of non-tariff barriers (current authority expires January 3, 1988);

-- tariff reductions; and

-- compensation to other countries when the U.S. increases tariffs (through Congressional action or Customs reclassification) to avoid unilateral foreign retaliation against U.S. exports.

MORE

2. Intellectual Property Rights.

Further protection of intellectual property rights (patents, copyrights or trademarks), including:

-- protecting against trade in articles that infringe U.S. process patents;

-- extending the patent term for agricultural chemicals to match that for pharmaceutical inventions;

-- eliminating the requirement in Section 337 of injury to an efficiently and economically operated U.S. industry as a precondition for a relief where the International Trade Commission found a patent, trademark or copyright infringement;

-- more liberal licensing of technology under the antitrust laws;

-- better protecting "firmware" through amendments to U.S. copyright law; and

-- eliminating Freedom of Information Act abuses by giving affected companies notice and an opportunity to oppose release of their business confidential information.

3. Export Promotion.

Promote U.S. exports through:

-- submitting legislation authorizing and appropriating approximately $300 million in grant funds to enable the Administration to offer $1 billion in mixed credit loans to targeted buyers. This program is designed to enable U.S. exports to compete effectively in third country markets until we can eliminate predatory mixed credit competition through negotiations;

-- clarifying the accounting provisions and liabilities of foreign agents under the Foreign Corrupt Practices Act of 1977 to reduce disincentives to export; and

-- allowing U.S. companies to export new drugs and biologicals not yet approved by the Food and Drug Administration to countries where they can be sold lawfully.

4. Existing Trade Laws

Strengthen the antidumping and countervailing duty laws with a predictable pricing test for non-market economies, place deadlines on Section 301 dispute settlement, and establish Section 201 fast track procedure for perishable items.

‡ ‡ ‡

0099

2. 불공정 무역관행에 대응하기 위한 레이건 대통령의 조치: 한국 지적재산권에 대한 301조 조사 (1985.10.16.) 외무부 통상정책과. 2006. 한.미국 통상협력 및 대책. 1985. 전2권. V2. 10-12월 (등록번호:25884) 서울: 외무부 통상정책과. 34-36쪽.

- 36 -

STORY: EP3111016   DATE: 10/16/85

SLEP3111016 BT°EPf311   10/16/85
REAGAN ACTS TO COUNTER UNFAIR TRADE PRACTICES (1,070)
(Text: White House fact sheet on trade actions)
     SECTION 301 OF THE TRADE ACT OF 1974
     Section 301 of the Trade Act of 1974 authorizes the president to
take action against foreign trade practices that violate international
trade agreements or burden or restrict U.S. commerce in an
unjustifiable, unreasonable, or discriminatory fashion.
     Action may be initiated by the U.S. trade representative (USTR)
on his own initiative or at the direction of the president, or
following a petition from any interested person, including business or
labor. If a petition is filed, USTR has 45 days to determine if an
investigation is warranted. The factors involved in initiating a
Section 301 investigation include, among others: the flagrancy of the
foreign trade practice; the duration of the practice; the amount of
trade and jobs affected; and the likelihood of resolving the issue.
     Section 301 directs the USTR to consult with the foreign country
involved in the dispute as part of its investigation. USTR also seeks
advice from the public and from private-sector groups. Most cases are
resolved through negotiations with the country whose practices are
questioned. If the USTR finds that unfair trade practices exist and
the dispute cannot be resolved through negotiations or through dispute
settlement procedures of the General Agreement on Tariffs and Trade
(GATT), the USTR makes a recommendation to the president as to what
action, if any, he should take.
     Under Section 301, the president has the authority to take all
appropriate and feasible actions within his power to obtain the
elimination of unfair trade practices. Specifically, he may impose
duties, fees or restrictions on products and services of the offending
country. These goods do not necessarily have to be related to the
goods and services which are the subject of the 301 complaint. The
president may also deny licenses issued by federal regulatory agencies
to foreign service suppliers. The degree and duration of these
actions is up to the president.
     TODAY'S ACTIONS
     Taiwan --- Cigarettes, Wine and Beer Monopoly
     Taiwan maintains monopoly controls on the import and
distribution of cigarettes, wine and beer through the use of high
tariffs and other import limitations, such as discriminatory rules on
distribution and pricing practices. These products are produced and
distributed by the Taiwan Tobacco and Wine Monopoly Bureau (TTWMB).
As a result of these barriers, U.S. cigarette exports accounted for
less than one percent of Taiwan's 840-million-dollar market, beer
imports are currently banned and U.S. wine exports amounted to only 62
metric tons in 1984.
     Today, the president announced that, following consultations
between the American Institute in Taiwan (AIT) and the Coordination
Council for North American Affairs (CCNAA), Taiwan has agreed to
improve access to its market for American wine, beer and cigarettes.

0034

Under the arrangement, U.S. wine, beer and cigarettes will be permitted to be sold in all retail outlets in which the domestic products are sold. There are approximately 70,000 such outlets in Taiwan.

In addition, the TTWMB will not apply price markups (including import duties, harbor tax, commodity tax, and TTWMB profit) on U.S. products at a rate higher than the overall markup applied to comparable domestic products. Immediate steps will be taken to begin implementing these changes. According to the CCNAA, these changes will be fully implemented within six to 12 months. The detailed implementation steps required by these changes will be discussed by AIT and CCNAA.

The president directed the USTR to report to him by December 31, 1985, on Taiwan's progress in implementing these changes.

EC --- Export Subsidies on Wheat

Domestic support levels far in excess of world market prices have resulted in increasing European Community (EC) overproduction of wheat. In order to sell this gigantic surplus, the EC provides direct export subsidies. These subsidies have increased the EC's share of the 14,500-million-dollar world wheat export market from less than 8 percent in the early 1970s to more than 16 percent in the past crop year. The EC's practice has also depressed world prices. U.S. farmers suffer doubly: lower prices and reduced export volume.

International rules do not prohibit export subsidies on farm products, but they do prohibit using such subsidies to obtain "more than an equitable share" of world trade.

Today, the president directed the United States trade representative to initiate a GATT Subsidies Code case against EC wheat export subsidies. Dispute settlement under the Subsidies Code includes three phases: bilateral consultations, conciliation, and establishment of a dispute settlement panel.

Korea --- Intellectual Property Rights

Korea's laws appear to deny effective protection for U.S. intellectual property. Korea's patent law does not cover foodstuffs, or chemical compounds and compositions. Protection for chemicals and pharmaceuticals is limited to process patents. Works of U.S. authors are not protected under Korea's copyright law.

It is difficult to quantify the effects of these policies, especially where the effect is simply a decision not to invest in Korea. However, in the copyright area alone, U.S. industry estimates losses of over 170 million dollars annually. The United States has consulted with Korea on this issue over the last two years. While the government of Korea has indicated an intent to change its laws to protect the intellectual property rights of other nations, no legislative changes have yet been made.

0035

Today, the president directed the U.S. trade representative to
initiate Section 301 proceedings against Korea's unfair trade
practices in intellectual property rights.

GATT SUBSIDIES CODE PROCESS

Bilateral Consultations: USTR will first request bilateral
consultations with the EC. If those consultations do not lead to a
resolution of the problem within 30 days of the request, the United
States may request conciliation.

Conciliation: Under conciliation, which also lasts 30 days, the
signatories to the Subsidies Code will hear the U.S. complaint and try
to assist the United States and EC in resolving the issue.

Dispute Settlement Panel: After 30 days of conciliation, the
United States may request establishment of a dispute settlement panel
to review its complaints and issue findings and recommendations which
will then be reviewed by the committee of signatory nations to the
Subsidies Code.

The Subsidies Code committee will consider the panel report as
soon as possible and make recommendations to the parties to the
dispute. If the committee's recommendations are not followed,
countermeasures may be authorized.

END

WT/SCB

0036

1. 훈령(안)
   외무부 통상정책과. 2014. 미국 통상법 제301조 협상대책. 1985.
   (등록번호: 2014090089) 서울: 외무부 통상정책과. 252–256쪽.

훈   령 (안)
----

1. 별첨 아국 입장을 최종안으로 하여, 협상에 임하고
   금번 협상에서 타결될 수 있도록 노력 할것.

2. 상기 안은 아국이 수락 가능한 최종 양보 안임을
   미측에 설득력 있게 설명 할것.

3. 성실하고 적극적인 자세로 협상에 임하여 미측이 더이상
   아국에 대해 301조를 거론하지 않도록 할것.

4. 미측이 별첨 아측 안에 불만을 표시하면서 추가적인 양보를
   요청할 경우에는 미통상법 301조에 따른 협상 시한이
   1년임을 감안, 추후 시간을 두면서 협의할 것을
   미측에 제의할 것.

   첨부 : 아측 최종 협상 입장. 끝.

0252

아측 최종 협상 입장
----

1. 보험

미측 요구 예상 사항	아측 최종 입장
ㅇ 화재보험 pool 해체또는 참여 희망	ㅇ 화재 pool 참여는 서울 지역과 기타 6개 도시 지역으로 구분, 참여 시킴
ㅇ 생명보험 회사 설립허가 및 조기 개방	ㅇ 미 1개사의 지점 설치를 허용함. ㅇ 추가 진출은 생명 보험의 사회적, 경제적, 중요성을 감안, 곤란함을 설명함.
ㅇ 재보험 독점의 점진적 해체	ㅇ 4개 종목 (화재, 적하등)의 30%를 재보험(주)에 의무 출재토록 된것을 제외하고는 보험 회사간 상호 재보험은 완전 자유화 되어 있음. ㅇ 단, 재보험 관리규정 개정 방향에 맞게 현행 위험당 보유한도 3억원은 상향 조정할 의사가 있음.
ㅇ 산재보험, 의료보험 시장개방	ㅇ 의료 보험 및 산재 보험 제도 (공영, 민영)를 설명하고, 산재보험은 기 진출 외국회사에게 개방되어 있음을 설명함.
ㅇ 자유로운 지점설치 허가	ㅇ 아국 보험 산업의 사회적, 경제적 기능의 중요성을 감안, 자유로운 지점 설치 허가는 현실적으로 불가함을 설명함. - 시장 여건과 개방의 성과등을 보아가면서 결정함.
ㅇ 협의체 설치	ㅇ 보험 사업 허가 및 영업 활동중에 생기는 문제점은 대표 자를 정하거나, 보험협회, 주한미대사관, 미국 상공 회의소 등 정부 래벨이 아닌 경로를 통해 해결 할것을 요구함. - 타업종 및 외국에도 유사한 사례가 없음을 설명함.

2. 지적 소유권

  가. 특허 분야

미측 요구 예상 사항	아측 최종 입장
○ 도입시기 　- '86.3까지 특허법 개정	○ '86년 법개정, '87년 전부문 실시
○ 보호 범위 　- 화학물질, 의약 및 음식물 (용도 포함)	○ 미측 요구 수락 단, 음식물을 제외할 　것을 가능한한 고수
○ 특허 존속 기간 　- 출원 공고일로 부터 17년, 출원일로 　부터 20년 까지로 존속 기간 연장	○ 전반적으로 3년 연장
○ 이용 발명에 대한 통상실시권 　강제 허여 규정의 삭제	○ 재량권 축소 개정
○ 특허권의 남용 또는 불실시에 대한 　강제 실시권 규정의 삭제	○ 재량권 축소 개정
○ 소급 적용 　- 기존에 외국에서 특허권을 받은 　것중 시행일 현재 한국에서 　제조·판매되고 있는 화학물질, 　의약에 대해 특허 인정	○ 소급 효과 인정 불가
○ 미생물 특허 및 기탁제도 　- 미생물 자체에 대한 특허 인정 　- 부다페스트 조약에 (즉시) 가입 　- 미생물의 국내기관 제출 시기 연기 　(출원 공개시 → 특허 존속 기간중)	○ 의약 특허 도입시 부터 인정 ○ 의약 특허 도입 시기와 일치 ○ '86년 부터 특허등록 시까지로 　연장

0254

나. 저작권 분야

미측 요구 예상 사항	아측 최종 입장
○ 국제협약 즉시 가입	○ '88년 국제협약 가입 방침을 추진하되 미측이 이를 수락치 않고 이로인해 금번 협상이 결렬될 가능성이 있을 경우 '87년 가입안 제시
○ '86. 3까지 현대적이고 포괄적인 저작권법 개정	○ '86년 상반기중 개정안 국회 제출, '87년 상반기중 시행
○ 보호 대상	
- 컴퓨터 소프트 웨어	○ 저작권법에 포함
- 데이타 베이스	○ 국제협약 가입시 보호
- 음반 및 영화	○ 저작권법 개정시 반영
○ 보호 내용	
- 번역권 인정	○ 보호하되, 발행 7년후 강제허락 제도 채택 (UCC 수준)
- 재방송권 인정	○ 저작권법 개정시 반영 검토
- 비 침해 행위 및 강제허락의 범위 축소	○ 대만 수준 유지
- 소급효 인정 : 보호기간이 만료하지 않은 외국 저작물 보호	○ 소급효 인정, 단, 법시행전 발행된 재고분에는 소급적용 불가
○ 보호기간	
- 사후 50년	○ 사후 50년
○ 벌금 규정	
- 체형과 벌금의 병과	○ 강화하되, 벌칙규정은 아국
- 체형의 하한선 설정	행형체계에 일관성을 유지

0255

다. 상표권 분야

미측 요구 예상 사항	아측 최종 입장
○ 상표만의 도입 자유화 요망	○ '87년중 허용
○ '86. 3까지 개정	
- 상표 도입이 수반된 모계약 (기술 도입 계약등) 기간 만료후 상표 사용만을 위한 기간 연장 허용	○ '87년중 허용
- 상품 도입에 따른 수출 비율 부과등 규제 철폐	○ 부처별 수출 비율 지도는 철폐

0256

2. 협상결과 보고
  외무부 통상정책과. 2014. 미국 통상법 제301조 협상대책, 1985.
  (등록번호: 2014090089) 서울: 외무부 통상정책과. 274–276쪽.

한·미 301조 협의 중간 보고

('85.12.9-1$）

1. 합의 의사록 채택

ㅇ 양측간 합의 사항 수록

ㅇ 301조 종결 문제

  아측 : 금번 협상 결과 합의로 301 종결도록
         미측 commitment 확보 노력

  미측 : 귀국후 상부 보고후 결정할 사항이며 아국의 관련
         법규 개정 내용 및 합의 이행확인 필요 하다는 입장

         결국, 아측 제시한 보험 시장 개방 및 지적소유권
         보호 조치는 "301조 조사의 성공적인 최종 해결의
         중요 요소"(major elements of final and
         successful resolutions to both cases   )로 표현

2. 주요 미 합의 사항

  가. 저작권 : 소급 적용 범위

  나. 물질특허 : 1987년 부터 물질특허 신청 접수
               (문제점 : 실질적인 특허 査定 불비)

  다. 보험   : 화재 보험 참가를 위한 아국 업계와의 협의 선행 문제

0274

3. 분석 및 평가

ㅇ 합의 의사록 까지 유도한 것은 성과
   - 보복 조치는 일단 유보 시사

ㅇ 그러나 미측의 301조 철회까지는 아직도 난관 예상
   - 아측의 주요 합의 사항 이행 상황 확인 필요 하다는
     입장 (저작권법, 물질 특허법 개정안 내용, 양국
     보험 회사간 협의 결과, 기타 합의 사항 이행등)

   - 미 업계의 의사 타진 필요

ㅇ 세부 사항 및 금번 회의시 미 거론 사항에 대한 재론
   가능성 상존

   첨부 : 합의 의사록 안 1부. 끝.

0275

한·미 301조 실무 협의

('85.12.9 - 12, 서울)

1. 협의 중단 (결렬) 배경

　º 보험, 지적소유권 2개 분야에서 대부분 양측 입장이 좁혀졌으나
　　 (특히 지적소유권 분야)하기 2개항 중요 사항에 대한 이견
　　 상존
　　　- 화재 및 생명 보험에 참여를 허용하는 미 보험 회사수
　　　- 물질 특허 보호시기

　º 문제의 성격상 최종 타결 (301조 종결)까지는 앞으로도
　　 상당 시일 소요
　　　- 301조 종결을 위해서는 레이건 대통령에 대한 보고 등
　　　　 정치적 결단 필요
　　　- 아측 제안에 대한 업계 반응 타진 필요
　　　- 아측 제안의 실질적인 효과는 대부분 구체적인 시행 단계에서
　　　　 확인 가능
　　　　 예 : 1. 저작권 물질특허 보호 내용은 관계 법 개정
　　　　　　　　 내용에 반영
　　　　　　　 2. 보험 시장 참여 규모는 아국 업계와의 협의후에나
　　　　　　　　 결정

2. 금후 방침
　º 계속 협의 하되
　º 협의 시기 및 아측 방침은 미측의 재의를 검토후 결정

0276

INTELLECTUAL PROPERTY RIGHTS

A. Copyrights

1. The ROKG agrees that a comprehensive copyright bill will
be drafted as proposed National Legislation and that this
legislation will be submitted to the National Assembly before
the end of Arpil 1986. The Korean Government agrees to
exert its best efforts to ensure that the legislation is
enacted so as to become effective April 1987. The Korean
Government agrees to consult with the United States Government
on the draft copyright bill no later·than March 1986.

2. The ROKG agrees that enactment of National Copyright
Legislation will be followed by the accession of Korea
to an International Copyright Convention (The Berne Convention
or UCC), during 1987.

3. The ROKG agrees that the copyright law which is enacted
will be comprehensive in coverage, will provide for the
protection of computer software, will provide protection to
traditional works, e.g. those enumerated in Article I of
the UCC, and will comform to the International Copyright
Convention to which Korea will accede. The law will apply
to as many new works as is feasible under the present circum-
stances.

4. The ROKG agrees that protection for sound recordings will
be included in the national legislation, complementing the
existing Phongram Law. However, the type of protection shall
be decided in consideration of international practices, such
as those in Japan.

5. The ROKG agrees that protection for data bases as compli-
lations will be included in the new copyright bill.

6. The ROKG agrees that it will study the protection of semi-
conductor chips with an intention to provide substantial
protection against unauthorized reproduction.

7. The ROKG agrees that it will study satellite telecasts
and cable TV, with a view toward protecting them under the
new copyright law.

8. The ROKG agrees that compulsory licensing provisions and
those limiting exclusive rights in the national legislation
will be reduced at the time of enactment of the new copyright
law to conform with the practices of member countries of the
International Convention to which Korea will accede.

0320

9.   The ROKG agrees that penalties against copyright infringe-
ment will be strengthened under the national legislation so
that the rights of both domestic and foreign copyright owners
can be effectively protected.   Such penalties will be consistent
with the nature and severity of penalties for other offenses
under the Korean Penal Code.   (The national legislation will
provide incarceration penalties equal to, and monetary penalties
higher than, those proposed in the draft 1984 bill.)

10.   The ROKG agrees that liability for copyright infringement
under the national legislation will extend to the same entities
(sellers and distributors) as may be found liable for violation
under Korea's existing Motion Picture Law and Phonogram Law.

11.   The ROKG agrees that, in general, the National Legislation
will provide a term of life plus 50 years for works whose authors
are individuals, and a term of 50 years from first publication
in the country of origin for works authored by juridical entities,
such as corporations.

12.   Prior to accession to an International Convention, the ROKG
agrees to provide national treatment to works of U.S. authors
and owners, on the principle of reciprocity, and will provide
protection to U.S. works upon enactment of the new copyright
law after conclusion of a bilateral arrangement.   U.S. works
whose copyright is less than 20 years old will be protected
beginning one year after the effective date of the new legis-
lation.

B.   Patent Rights

1.   The ROKG agrees that a bill to amend the patent law to
include patent coverage for chemical and pharmaceutical
products, new uses of chemical and pharmaceutical products,
and processes for making pharmaceutical products will be in-
troduced to the National Assembly by the end of April 1986.
The Korean Government agrees to exert its best efforts to
secure enactment of the bill by the end of 1986.   Regulations,
guidelines and other administrative mechanisms will be
formulated so that applications for patents may be accepted
by the patent office no later than April 1, 1987.   The ROKG
agrees to consult with the United States Government on the
draft patent bill no later than March 1986.

2.   In drafting the proposed legislation, the ROKG agrees
to establish a patent term of 17 years from the granting of
a patent or 20 years from the time of application for a patent.

3.   The ROKG agrees that measures related to Articles 51 and
52 of the patent law will be modified to reduce the discretionary
power of the patent office to grant non-exclusive licenses.   The
ROKG agrees that the last phrase of paragraph 3 of Article 45
and all of Article 59 of the current patent law will be deleted
by the proposed legislation.

0321

4. The ROKG agrees that patent protection for new microorganisms will be introduced at the same time as for chemical products and pharmaceuticals.

5. The ROKG agrees to accede to the Budapest Treaty in 1987.

6. For products and processes currently ineligible for patent protection in Korea, and covered by valid U.S. patents, but not marketed pending regulatory approval for sale, the ROKG agrees to provide the holder of U.S. rights protection consistent with the new Korean patent law. Applications pending in Korea for process patents, upon passage of the new Korean patent law may be amended to include product patent claims upon the request of the applicant.

C. Trademarks

1. The ROKG agrees that Article 24 of the Presidential Decree accompanying the Foreign Capital Inducement Act will be amended by June 30, 1986 to remove the requirement for a joint venture, technology inducement or raw material supply agreement as a condition for approval of the trademark. By removing these requirements, the trademark license will automatically be permitted to continue beyond the life of any accompanying technology inducement agreement.

2. Korea has completely repealed export requirements on goods covered by trademark licenses, and has lifted restrictions on royalty terms in licenses, under the new Ministry of Finance guidelines established in September 1985. No other restrictions, such as restrictions on duration or amount of royalties, will be imposed on trademark licenses.

3. Under the new office of patent administration guidelines established in 1984, import bans or restrictions constitute "just cause" under Articles 20 and 45 of The Trademark Act, thereby precluding cancellation for non-use or rejection of renewal of a trademark registration for goods subject to such restrictions.

4. Korea has adopted and implemented guidelines which prohibit domestic entities from registering trademarks that are identical to or resemble those owned by foreign entities, regardless or whether the foreign mark is "well-known" in Korea.

0322

V D. Enforcement

1. The ROKG agrees to provide effective procedures for
intellectual property owners to obtain evidence to assist
them in enforcing their rights, ensure adequate protection
of proprietary data, direct all Korean law enforcement
agencies to give high priority to enforcement of intellectual
property rights, and enact effective penalties for intellectual
property rights violations.

2. The ROKG agrees that all administrative and regulatory
actions and proclamations which implement or modify Korean
laws affecting intellectual property rights will be made
public.

E. Consultative Mechanism

Korea and the United States agree to consult in the Korea-
U.S. economic consultation trade subgroup regarding (1)
any matter relating to the implementation of the understanding
reached with respect to the 301 Case on Intellectual Property
Rights and (2) other issues related to intellectual property
of interest to either party. The United States and Korean
Governments agree to consult when either side raises specific
major and serious intellectual property problems including
problems arising from situations where protection was not
previously available; the United States and Korean Governments
agree to establish a means to resolve these problems no later
V than 90 days after notification taking into account such
considerations as production, technology transfer, capacity
and exports to third markets.

0323

INSURANCE

A. Non-Life Insurance

1. The Government of Korea agrees to license two U.S. companies to underwrite compulsory fire insurance by April 1, 1986.

2. The Government of Korea agrees that the two U.S. companies will participate in the fire pool in all geographic areas no later than July 31, 1986.

✓ 3. The Government of Korea agrees that the allocation of premiums within the fire pool will be on the basis of equal shares.

✓ 4. The Government of Korea agrees that three additional qualified U.S. firms will be licensed to underwrite and sell non-life insurance and will be admitted to the fire pool during the period 1986-88.

B. Life Insurance

1. The Government of Korea agrees to license one branch of a U.S. insurance company to underwrite life insurance by the end of 1986.

✓ 2. The Government of Korea agrees that four additional qualified U.S. firms will be licensed to underwrite and sell life insurance during the period 1986-89.

C. Consultative Mechanism

The Korean and United States Governments agree to consult in the Korea-U.S. economic consultation trade subgroup regarding (1) any matters relating to the implementation of the understanding reached with respect to the 301 Case on Insurance (e.g., complaints about specific practices, the operation of the fire pool, technical and administrative matters, and new entrants to the market) and (2) other issues on insurance of interest to either party. Consultations in the trade subgroup concerning technical and administrative matters (e.g., regulatory and capitalization requirements, reinsurance and retention levels) will begin in January 1986 with specific understandings to be reached no later than July 1, 1986.

0324

1. Smith USTR 부대표의 김만제 부총리 앞 서한 (1986.3.6.)
   외무부 통상정책과. 한.미국간 미국 통상법 제301조 관련 협의, 1985~86. 전9권. V.3 1986.3월.
   (등록번호: 2015100053) 서울: 외무부 통상정책과. 123~126쪽.

DEPUTY UNITED STATES TRADE REPRESENTATIVE
EXECUTIVE OFFICE OF THE PRESIDENT
WASHINGTON. D.C. 20506
202-395-5114

March 6, 1986

The Honorable Kim Mahn Je
Deputy Prime Minister
Economic Planning Board
Seoul
Republic of Korea

Dear Dr. Kim:

Thank you very much for meeting with my delegation on February
21st. I appreciated greatly the opportunity for such frank
discussions of the principal problems in our bilateral trade
relations. We will continue to work with Korean officials to
develop an effective mechanism for problem-solving.

It is essential that we avoid situations in which serious but
resolvable trade problems explode into even more serious political
problems. This can be achieved for the immediate future only
if we resolve the two section 301 cases rapidly and resolve
expeditiously our difficulties on high-quality beef, personal
computers, and cigarettes.

Upon my return from Latin America, I will resume my discussions
with Ambassador Kim concerning the section 301 case on insurance.
We will give him a new proposal on insurance at that time, taking
into account our consultations in Seoul on this matter. As for
the intellectual property case, I hope that the discussions
in Seoul helped to clarify the reasons for and the reasonableness
of the U.S. position on transition measures. Enclosed is a
statement of our transition proposals, with a detailed discussion
of the question of precedent, which appears to be your government's
principal difficulty in the intellectual property case. I look
forward to the Korean government's response to these proposals.
Acceptance of these proposals, I believe, would lead very quickly
to the resolution of the case.

In making maximum efforts to resolve the existing 301 cases,
however, we should not neglect the other three issues that I
mentioned. I urge you to move promptly to resume importation
of high-quality beef. The fact that we have a GATT tariff concession
on this product makes it impossible for us simply to overlook
your government's action. If the import ban remains in effect
throughout the spring, therefore, we will be compelled to take

0123

The Honorable Kim Mahn Je
Page 2
March 6, 1986

appropriate steps under the GATT. On personal computers, I
will work with Minister Kum to try to develop a procedure for
importing personal computers from the United States during the
remaining 16 months until you place computers on the Automatic
Approval list in July 1987. I cannot overemphasize the importance
of liberalizing your restrictions on our computers at a time
when Korean computers are being launched with such fanfare in
the United States. Finally, it is imperative that the Korean
government begin very soon the process of liberalizing its cigarette
market. It is impossible for us to present Korea as a fair
trader to the Congress and to the American public when such
unmitigated protection is imposed on a very competitive American
product. -

I raise these issues with you in such a frank way because my
country's trade relationship with Korea is so important to us.
Let me assure you of my determination, and that of Ambassador
Yeutter, to work as hard as possible to resolve these issues
in the coming weeks so that both our countries can devote full
attention this summer to launching an ambitious round of multilateral
trade negotiations in the GATT.

Sincerely yours,

Michael B. Smith

MBS:atj

0124

Transition Provisions in the Section 301 Intellectual Property Case

The section 301 investigation has two objectives: resolving existing trade problems due to deficiencies in Korean intellectual property laws; and preventing future trade distortions. We are optimistic the new laws Korea has indicated it will enact will effectively prevent future problems. But they will not prevent continuing trade problems from unauthorized duplication of U.S. copyrighted works and unauthorized production of chemicals and pharamaceuticals protected by U.S. product patents, unless certain transition provisions are also enacted.

In the patent area, the major deficiency in current laws is the unavailability of patents for certain products. The new law will cure this problem for future inventions. But many important products that have not been infringed yet -- U.S. indus-tries' newest and most innovative items -- will still not be protected. To address this problem, we propose transition provisions consisting of three elements: 1) for products patented in the United States but not currently patentable in Korea and not marketed currently in Korea and the U.S., a six to nine month registration period when Korea would grant patents by waiving the novelty requirement under the Korean law; 2) permission for U.S. firms to amend pending Korean process patent applications on products patented in the U.S., to include product claims; and, 3) agreement to resolve serious specific problems through a consultation mechanism.

These patent transition provisions are designed to freeze unau-thorized Korean production of chemical and pharmaceutical compounds under patent in the U.S. at today's levels. Such "standstill" notions are well established trade principles. It is a common undertaking for governments to commit themselves to preventing an increase in trade distortions. The U.S. Section 301 case concerning deficiencies in current Korean intellectual property laws is a trade issue. Therefore the appropriateness of these transition provisions, and their acceptability as international norms, should be measured within a trade framework. From the point of view of the United States, the new laws would be meaningless if infringement and piracy were allowed to increase.

ROK officials are correct that several other nations did not provide transition protection when expanding protection to cover both product and process claims, where previously only the process was patentable. But process patents in countries like Japan, Germany, and others already provided effective protection against infringement. In these countries unauthorized production of U.S. patented products was not a trade problem. The current situation in Korea is quite different. Consequently an effective solution requires both strong prospective protection and restrictions on ongoing infringement. This is the same position that we are taking with other developing countries (e.g., Mexico) with which we have similar problems.

0125 .

Moreover, several countries (e.g., Germany, Switzerland and the Netherlands) did permit the addition of product claims for chemicals and pharmaceuticals to pending process applications at the time product protection was introduced.

Finally, the provisions proposed by the United States would not require any Korean company to shut its doors or lay off workers. They would require, however, the Korean government to commit itself to preventing an increase in production and sales of products currently patented in the United States.

The principal problem in the copyright area is the unavailability -- for all practical purposes -- of protection for U.S. works. Without transition provisions, U.S. copyrighted works currently pirated in Korea would continue to be appropriated without permission or compensation even after the new Korean law is enacted. To prevent such an outcome, we propose that Korea recognize all valid U.S. copyrights less than 20 years old. And, as is the case for egregious problems in the patent area, specific major and serious copyright issues would be resolved through a consultation mechanism.

There is explicit international precedent for such measures by both Berne Convention and UCC adherents. The Berne Convention provides for newly adhering states to protect the works of other members' authors, if those works are not in the public domain in their "country of origin".

The UCC has no similar retroactivity provisions. There are several reasons for this, including the fact that most original UCC signatories long had copyright relations with each other. Therefore no nation adhering to the UCC in its early years had ongoing trade problems due to large-scale unauthorized reproduction of foreign works. Article VII of the UCC permits new adherents, not signatory to Berne, to decline to provide retroactive protection for works in the public domain. The domestic laws of several UCC adherents, which also adhere to the Berne Convention, have retroactive provisions: e.g. Austria (Section 101), Brazil (Art. I (1)), Czechoslovakia (Section 50 (2)), Chile (Art. 2), Finland (Art. 66-71), Iceland (Art. 63), and India (Para. 4(c)). The Indian example is noteworthy. Despite the fact that India is a Berne signatory and the United States is not, a special Order in Council was issued specifically granting U.S. works retroactive protection.

0126

2. 김경원 주미대사와 Smith 부대표 교섭 사례 (1986.3.27.)
　외무부 통상정책과. 2015. 한.미국간 미국 통상법 제301조 관련 협의, 1985-86. 전9권. V.3 1986.3월.
　(등록번호: 2015100053) 서울: 외무부 통상정책과. 264-269쪽.

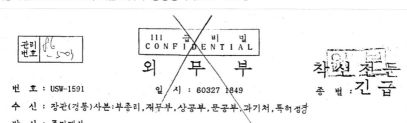

번　호 : USW-1591　　　　일 시 : 60327 1849

수　신 : 장관(경통)사본:부총리,재무부,상공부,문공부,과기처,특허청장

발　신 : 주미대사

제　목 : 301조 협의

　대 : WUS-1277,1287,1311

　연 : USW-1554

1. 연호 보고와같이 본직은 금 3.27 07:30-0830간   SMITH   부대표와 조찬을 겸한 단독 협의를 가지고 301 조 문제의 조기 일괄타결을 위한 최종교섭단계임을 전제, 대호 교섭안을 기초로 아래와같이 주요 현안문제에 대한 아측 입장을 제시하였으며, 이에 대한 동 부대표의 반응을 청취하였음(SMITH   부대표는 금일 뉴욕 출장 및 명일 일본과의 통상문제협의등 분주한 일정으로 명 3.28. 18:00 본직과의 재협의를 가질것을 제의하였으며 본직은 이를 수락 하였음.)

2. 본직은 서두에서 최근 본부로부터 본건에 관한 극히 개략적인 훈령을 접수하였는바, 동내용은 역시 지적소유권(저작권,물질특허)소급효 인정문제가 국내정치적으로 뿐만아니라 여타국과의 관계에 있어서도 대단히어려운 문제점을 포함하고 있기 때문에 입법을 통한 보호는 절대로 불가하나 아국 정부로서는 한.미 통상관계의 원활한 발전을 위해 301조 문제의 원만한 조기타결을 회망하므로 미측이 요구하고 있는 정당한 이해관계의 보호에 관해 서는 최선을 다할생각이며 필요하다면 301조 이외의 분야 (예:쇠고기,콤퓨터,담배)에 있어서도 적극적인 성의를 보일 용의가 있으므로 이와 같은 사 정을 토대로 본직이 미측과 접촉하여 합의안을 만들어 보라는것이었다고 설명 하였음. 이어,마침 본직이 한.미 연례안보회의 참석차 곧 일시 귀국하므로 이에 앞서 본직의 구상을 제시하겠으니   SMITH   부대표가 이를 긍정적으로 받아들여 주면 본직의 서울 체재시 관계요로에 적극 건의,협조를 유도하여 301조 현안문제 뿐아니라, 쇠고기.콤퓨터.담배등 미측의 기타 주요 관심사항 까지도   PACAGE   로 묶어

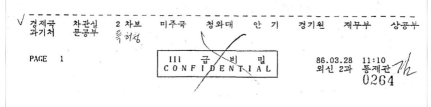

PAGE　1　　　　　III 급 비 밀
　　　　　　　CONFIDENTIAL　　　　　86.03.28　11:10
　　　　　　　　　　　　　　　　　　외신 2과　통제관
　　　　　　　　　　　　　　　　　　　　　　　　0264

미측에 실망을 주지않을 정도의 일괄타결방안을 마련하여 귀임하겠다하고 금일 본직의 제시안에 대해 미측이 기본적인 동의를 하여 준다면 현안해결에 급진전이 있을것으로 믿는다고말하였음.

3. 이에 대해 SMITH 부대표는 자신등이 이미 누차에 걸쳐 강력히 주장 한바와 같이 미측으로서는 일정한 소급효를 반드시 확보해야할 입장이라고 강조 하였으며, 쇠고기,콤퓨터,담배 수입개방문제에 대해 아측이 어떠한 조치를 취할것인지를 문의한 바, 본직의 사견으로는 쇠고기 문제는 봄과 여름은 영농계절 이프로 농민의 형편상 부적절하며 가을 추수기에는 농민의 소득이 향상되는 때이프로 이시기에 쇠고기 수입을 허용하는것이 농민의 여론상 적절할것으로 보므로 이와같은 선에서 본부에 강력히 건의하고 자하며, 정부의 결정을 얻어내는 것이 불가능하지는 않을것으로 본다고 답변하였음. 동 부대표보는 콤퓨터 문제에 언급, 최근 상공부측으로부터 APPLE 사 제품의 수입을 허용하면 당초 예정대로 87.7. 수입개방도 무방하지 않겠는가 라는 요청을 받은바 있으나 다른 콤퓨터회사의 반대가 우려되기때문에 그 조건만으로는 곤란할것같다고 피력 하였음. 이에 대해 본직은 301조 문제가 원만히 해결될 전망이 서는대로 아측이 콤퓨터 문제에 좀더 신축성을 보이도록 설득해 보겠다고하였음. 담배 문제에 있어서는 아측이.콤퓨터 문제와 유사한 긍정적인 고려를 하고 있다는 인상을 동인에게 주는선에 그치고 구체적인 언급은 하지 않았음.

4.지적소유권 301조 문제와관련, 본직은 대호 지시에 따른 협상전략상 의 고려에서 아측의 BOTTOMLINE 를 전부 노출하지않고, 최종 협상단 계에서의 우위를 점하고 아측의 피해를 가능한한 줄이고자하는 목적에서 대호 교섭안중 일부 기간을 단축하고 부대조건을 첨가하는등 필요에 따라 부분적 으로 내용을 변경하여 아래와같이 제시하였음.

가.저작권

국내법상 소급효 인정은 절대 불가함. 다만, 개정저작권법의 시행 싯점을 기준으로 5 넌미만(훈령은 10년미만)의 출판물에 대해서는 행정지도(ADMINISTRATIVE GUIDANCE) 를 통해 무단복제(UNAUTHORIZED REPRODUCTION) 를 규제(CONTROL) 하겠음.

나.물질특허

0265

금일 협의시 쌍무협정을 통한 보호문제는 언급·치않음.

1)개정특허법 시행싯점에 이미 제법특허로 출원중인 미측품목중 소정기간내에 (예:3개월)신청하는 품목에 대하여는 물질특허를 포함하여 허용함. 단, 기존 신청서상에 물질특허 부여를 뒷바침할수 있는 SUFFICIENT DESCRIPTION 이 이미 포함되어 있어야함.

2) PIPELINE PRODUCTS 문제

개정특허법 시행싯점 이전 5년내에 출원되어 이미 미국에서 특허를 받았으나 미국이나 한국에서 생산 또는 판매되고 있지않는 물질중에서 미측이 협의기구를 통해 3개월내에 보호를 요청하는 물질에 대해서는 약사법, 농약관리법등 기존 국내법 에 의거하여 국내에서의 생산·판매를 불허하도록하는 행정규제를 통해 보호를 제공할것임. 단, 이경우에도 미측이 보호 요청할 물질의 숫자는 극히 소수일 것으로 아측은 이해하고 있음(기존 특허침해문제는 금일거론되지않았음)

이하 계속있음

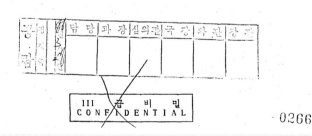

0266

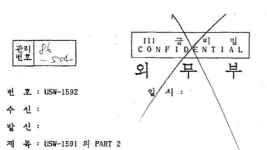

관리
번호 86 - 504

번 호 : USW-1592   일 시 :   종 별 :
수 신 :
발 신 :
제 목 : USW-1591 의 PART 2

다. SMITH 부대표의 반응은 아래와같음

1) 저작권

본직의 5년미만 제의는 너무짧은것같음. 미출판업계는 원래 20년을 요구하였으며 최근에 15 년으로 단축해도 무방하다는 의향을 밝힌바 있음 (동인은 ENCYCLOPEDIA BRITANICA 가 매 8년마다 신판이 나오는데라고 하면서 혼잣말을 하였으나 본직은 아무런 반응을 보이지 않았음)

2) 물질특허

본 직제의는 물론 완벽(PERFECT) 하다고는 할수는 없지만 고려할 가치가 있으며(WORTH CONSIDERING) KRISTOFF 부대표와 회담하여 YEUTTER 대표에 보고한후 결과를 본직 일시귀국전에 연락하겠음

5. 보험문제

가. 본직은 프레미엄 배분방식에 관해 대호 제1안과같이, 현재의 균등배분 방식이 당분간 (IN THE FORESEEABLE FUTURE) 계속될것으로 예상되며 변경되는 경우 미회사를 포함한전체 풀 참여 회사들의 합의에 의하여 결정한다는 방안을 제시하자 SMITH 부대표는 미측에 ACCEPTABLE 할것 같다고 하면서도 미국회사들이 반대할 가능성에 대해 약간의 우려를 표시하였음 이에 대해 본직은 미국회사들이 반대할 경우 USTR 측이 이들을 설득해야할것이라고 하였음

나. 국공유 및 방산건물에 대한 미국회사의 참여는 절대불가하므로 더이상의 토론이 무의미할것이라고 본직이 언급하자 동인은 본건이 상당히 어려운 문제로서 미업체가 우려하는바는 기보고한 바와같이 추후 아측이 화보 풀 내에서의 국공유,방산 건물 프

PAGE 1

III 급 비 밀
C O N F I D E N T I A L

86.03.28 14:05
외신 2과 통제관

0267

레미엄 비중을 인위적으로 확대할 가능성이라고 말하었음(이에대한 아측의 사전보장
을 요구하지는 않았음)

다. 본직은 추가참가문제와 관련, 유자격 미회사들의 참가허용 원칙하에 그 자격요
건은 미측과 연내 협의를 완료한다는 제안을 한데 대해 동인은 METROPOLITAN LIFE
등 저명한 회사들이 다수 참가하고자 한다면 어찌되겠는가 라고 하면서 다소의 개인
적 우려를 나타내었음

6. 평가

금일 협의시 SMITH 부대표가 보여준 태도로 보아서는 일단 미측 반응이 긍정적
인 방향이 될 가능성도 있다고 보이나 다만, USTR 내 실무진 및 관련업계측에서
몇가지 기술적인 문제를 제기할 가능성이 남아 있으며 이와같은 문제점은 구체적 합
의문안 작성과정에서도 예상되기 때문에 양측간의 기본적 합의가 이루어지는 경우에
도 실제적인 완전타결에 이르기까지는 어느정도의 상당한 시일이 소요될것으로 예상
됨(본직은 지적소유권 합의문안과 관련, 미측은 이미 2차에 걸쳐 서면입자를 제시하
였으므로 최종타결 문안은 아측에서 제시할 의향이라고 말하자 동인은 다소 난처한
기색을 나타내었음) 그러나 301조 문제의 원만한 조기타결 원칙에 대해서는 동인도
흔쾌히 동의하였으며 금일 양인간의 협의분위기는 매우 우호적이었으며 동인으로서도
금일 아측 제시안을 바탕으로 본건타결에 협조적인 자세로 노력할것이라는 인상을 받
았는바 이는 일단 고무적인 현상으로 생각됨

7. 기타

가. 상기와관련 본직은 금일 오후 PORAL COOPER 를 불러 SMITH 부대표와의 협
의요지를 설명하고 본직이 부대표에게 일시귀국을 앞두고 본직의 제안으로 제시한 내
용은 아국이 양보할수 있는 최종입장 (BOTTOM LINE)일것으로 판단되기 때문에 그 이
상의 추가 양보는 절대불가능하므로 USTR 측이 이를 반드시 받아드리도록 디버사
가 최대한의 노력을 할것을 촉구하였음. 특히 DEAVER 가 직접 YEUTTER 를 접
촉하여 설득할것을 강조하였음

나. 상기와는 별도로 동부대표는 DANFORTH 상원 무역소위원장의 입법보좌관인
SUZAN SCHWAB 가 일해재단 주최 세미나 참석차 현재 서울체재중이며 4.3까지 체한

PAGE 2

0268

III 급 비 밀
CONFIDENTIAL

예정인바 DANFORTH 의원 출신국 거주 모출판업자가 동의원에게 301조 저작권 관

계로 상당한 압력을 가하고 있어 동문제에 상당한 관심이 있다하므로 어려움을 SCHW

AB 보좌관에게 잘 설명하는것이 좋을것이라고 권고하였음. 본건 적절히 배려바람.

(대사 김경원)

예고 : 1986.12.31일반

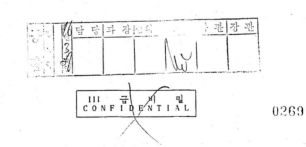

III 급 비 밀
CONFIDENTIAL

0269

3. Yeutter USTR 대표의 김만제 부총리 앞 서한 (1986.6.12.)

외무부 통상정책과. 2015. 한.미국간 미국 통상법 제301조 관련 협의. 1985-96. 전9권. V5 1986. 6월.
(등록번호:2015100055) 서울: 외무부 통상정책과. 201-202쪽.

대 외 비
외 무 부
착 신 전

번 호 : USW-2912   일 시 : 606121928   종 별 :

수 신 :

발 신 :

제 목 : USW-2911 PART 2

THE HONORABLE KIM MAHN JE

DEPUTY PRIME MINISTER

SEOUL

REPUBLIC OF KOREA

DEAR DR. KIM:

THANK YOU FOR THE OPPORTUNITY TO MEET WITH YOU DURING MY VISIT TO SEOUL. I APPR
ECIATE VERY MUCH YOUR DEDICATION TO RESOLVING OUR BILATERAL TRADE ISSUES EXPEDIT
IOUSLY. IN PARTICULAR, IT REQUIRING OFFSET ARRANGEMENTS IN ITS TENDERS.

I WAS DISAPPOINTED THAT WE WERE UNABLE TO RESOLVE THE INTELLECTUAL PROPERTY CAS
E DURING MY VISIT. I KNOWTHAT YOU SHARE MY DISAPPOINTMENT. NEVERTHELESS, WE DID
RESOLVE THE REMAING PATENT ISSUES. THAT SIGNIFICANT PROGRESS WAS DUE IN LARGE P
ART TO THE SUBSTANTIAL EFFORT OF DR. KOO BOHN YOUNG. PLEASE EXPRESS MY GRATITUDE
TO HIM. AMBASSADOR KIM AND SMITH ALREADY HAVE RESUMED THEIR DISCUSSIONS. I HOPE
THAT THEY WILL REACH AGREEMENT SOON ON STRONG COPYRIGHT PROTECTION FOR COMPUTER
SOFTWARE AND SOUND RECORDINGS. THEY ALSO MUST FIND A WAY TO ENSURE THAT THE BEN
EFITS OF THE NEWCOPY RIGHT LAW WILL BE EXTENDED TO U.S. WORKS FROM THE DATE OF T
HE NEW COPYRIGHT LAW'S EFFECTIVENESS.

IN DEFERENCE TO YOUR WISHES, WE HAVE WITH HELD ANNOUNCEMENT OF THE RESOLUTION O
F THE INSURANCE CASE. OUR FIRMS ARE BECOMING UNDERSTANDABLY NERVOUS ABOUT THIS S
ITUATION. WE HAVE ASSURED THEM THAT THEY WILL BE ADMITTED TO THE FIRE POOL BY TH

0201

PAGE   1   86.06.13 14:17

E AGREED DATE OF JULY 30. I AM COUNTING ON YOUR GOVERNMENT TO TAKE THE NECESSARY
STEPS TO ENSURE THAT THIS TIMETABLE IS MET, WHETHER OR NOTWE HAVE AN ANNOUNCEME
NT.

WE ARE STILL PONDERING YOUR REQUEST FOR ADDITIONAL BREATHING SPACE ON BEEF IMPO
RTS. AS I EXPLAINED, IT IS AN EXTREMELY DIFFICULT ISSUE FOR US BECUASE IT INVOL
VES A GATT CONCESSION AND BECUASE OUR OWN BEEF INDUSTRY IS AILING SO SERIOUSLY.
NEVERTHELESS, WE ARE GIVING YOUR REQUEST VERY SERIOUS THOUGHT, AND I WILL RESPON
D SHORTLY.

I APPRECIATE THAT KOREA WILL BEGIN TO LIBERALIZE ITS CIGARETTE MARKET THIS YEAR
BY TRANSFORMING THE OFFICE OF MONOPOLY INTOA PUBLIC CORPORATION AND BY DE-CRIM
INALIZING POSSESSION OF FOREIGN CIGARETTES. I LOOK FORWARD TO FURTURE STEPS TO W
ARD A FREE AND OPEN MARKET FOR FOREIGN CIGARETTES.

I HAVE EXPRESSED TO BOTH DR. SAKONG AND MINISTER HWANG MY DEEP CONCERN ABOUT TH
E PROPOSAL TO FINANCE RURAL DEVELOPMENT THROUGH AN IMPORT SURCHARGE ON AGRICULT
URAL GOODS. I URGE YOU TO FIND AN ALTERNATIVE FINANCING SCHEME -- ONE THAT WILL
NEITHER VIOLATE INTERNATIONAL AGREEMENTS NOR SHIFT THE BURDEN TOAGRICULTURAL EXP
ORTERS SUCH AS THE UNITED STATES.

FINALLY, THANK YOU SO MUCH FOR HOSTING THE WONDERFUL DINNER DURING THE SEOUL TR
ADE MINISTERS' MEETING. THE CHILDREN'S CHOIR SINGING INTERNATIONAL SONGS WAS A
MAGNIFICENT TOUCH.,

 -- SINCERELY,

 -- CLAYTON YEUTTER

END

과 장	심의관	국 장	차 관	장	

PAGE 2

0202

1. 한국 측 초안

외무부 통상정책과. 2015. 한.미국간 미국 통상법 제301조 관련 협의. 1985-86. 전9권. V.6 1986.
7월1일~7월20일. (등록번호: 2015100056) 서울: 외무부 통상정책과. 191-200쪽.

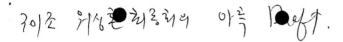

Intellectual Property Rights

A.   Copyrights

1.   The Government of the Republic of Korea(ROKG) will
draft a comprehensive copyright bill which will be submitted
to the National Assembly before the end of September 1986.
The ROKG will exert its best efforts to ensure that the
legislation is enacted so as to become effective no later
than July 1, 1987.

2.   The ROKG will accede to the Universal Copyright
Convention so that the Convention comes into force with
respect to Korea at the earliest possible date in the second
half of 1987.

3.   The copyright law which is enacted will be comprehensive
in coverage, providing protection to traditional works, e.g.
those enumerated in Article I of the UCC, and will conform to
the Universal Copyright Convention. Copyright protection for
computer program will be recognized in the new copyright law.

4.   Copyright protection for computer program will be described in the Computer Program Protection Law. The provisions of the Computer Program Protection Law will be consistent with the copyright protection afforded other literary works. An inter-ministerial committee(the Program Deliberation Committee) will be established by law to ensure that administration of copyright protection for computer program conforms to administration of copyright protection for other works.

5.   Protection for sound recordings for a terms of 20 years will be included in the national copyright legislation as a neighboring right, complementing the Phonogram Law. The ROKG will accede to the Geneva Phonogram Convention so that the Convention comes into force with respect to Korea as of the effective date of Korea's accession to UCC.

6.   The ROKG will study the feasibility of extending copyright protection to data bases as compilations. In the meantime, the new copyright legislation will provide for protection of copyrightable works whether or not they are incorporated in a data base.

2

7.   The ROKG will study the feasibility of extending protection to semiconductor chips with an intention to providing protection against unauthorized reproduction.

8.   The ROKG will study satellite telecasts and cable TV with a view toward protecting them under the new copyright law.

9.   The ROKG will limit current compulsory licensing provisions in the national copyright legislation and in the Computer Program Protection Law to conform to the practices of member countries of the Universal Copyright Convention. Provisions limiting exclusive rights in the national copyright legislation will be amended to conform to the practices of member countries of the Universal Copyright Convention.

10.   The ROKG will strengthen penalties against copyright infringement under the national copyright legislation, so that the rights of both domestic and foreign copyright owners can be effectively protected.   Such penalties will be consistent with the nature and severity of penalties for other offenses under Korean law.

3

0193

11.   The ROKG will extend liability for copyright
infringement under the national copyright legislation to
include the same entities (sellers and distributors) as may
be found liable for violation under Korea's Motion Picture
Law and Phonogram Law.

12.   The national copyright legislation will provide a term
of life plus 50 years for works whose authors are individuals,
and a term of 50 years from first publication in the country
of origin for works authored by juridical entities, such as
corporations.

13.   Through administrative guidance based upon the provisions
of the relevant law,s the ROKG will exert its best efforts to
provide protection for certain U.S. copyrighted works from the
effective date of the new copyright law. This protection includes
prevention of unauthorized reproduction, publication and
distribution of the printed materials, including computer
programs in printed forms, which are copyrighted in the U.S.
and published during the 10 year period prior to the year in
which the new copyright law becomes effective. As for sound
recordings, video recrodings, motion pictures and performance,
through stricter enforcement of relevant laws, the ROKG will make
best efforts to deny permission for their importation, reproduction,
publication, or distribution(deny approval of application in the
case of performance), in the absence of a valid license or

0194

contract.

4

B. PATENT RIGHTS

1.   A comprehensive bill to amend the Patent Law to include patent coverage for chemical and pharmaceutical products and new uses of chemical and pharmaceutical products will be introduced to the National Assembly by the end of September 1986. The ROKG will exert its best efforts to secure enactment of the bill by the end of 1986. Regulations, guidelines and other administrative mechanisms will be formulated so that applications for patents may be accepted by the Office of Patents Administration no later that July 1, 1987.

2.   In drafting the proposed legislation, the ROKG will establish a patent term of 15 years from the date of publication of the patent 'application.

3.   Measures related to Articles 45 and 59 of the Patent Law will be modified so that non-exclusive licenses will be granted only in those situations in which the dependent patent presents a substantial technical advance over the dominant patent.

4.   Measures related to Article 51 and 52 of the Patent Law will be modified to reduce the discretionary power of the Office of Patents Administration to grant non-exclusive licences.

5

5.　Patent protection for new microorganisms will be effective at the same time as for chemical products and pharmaceuticals.

6.　KOrea will accede to the Budapest Treaty in 1987.

7.　Through a bilateral agreement, applications for process patents that are pending in Korea on the effective date of the amended Korean patent law may be amended to include claims for product patents upon the request of the application.　This bilateral agreement has to be consented to by the National Assembly of the Republic of Korea.　The opportunity to submit product.claims will be open for 90 days following the effective date of the new patent law procedures for filing such amendments are those contained in the existing law.

8.　Through administrative guidance based upon the provisions of the relevant laws, the ROKG will exert its best efforts to provide protection for certain products which are patented in the United States after January, 1 1980, but are marketed neither in Korea nor in the United States prior to the effective date of the new patent lwa.　Such protection will be provided by denial of permission to manufacture or market these products without authorized permission of the United States Patent owner(s) in Korea from the effective date of the new patent law for 10 years.

The identification of these products will be decided upon in the consultative mechanism no later than the effective date of the new patent law.

0196

6

C. TRADEMARKS

amended

1.   The ROKG ~~will amend~~ Article 24 of the Presidential Decree accompanying the Foreign Capital Inducement Act by June 30, 1986, to remove the requirement for technology inducement as a condition for accepting application for trademark license. By removing this requirement, the trademark license will be permitted to continue beyond the life of any accompanying technology inducement agreement, and joint venture or raw material supply agreement will no longer be necessary for trademark licensing.

2.   Korea has completely repealed export requirements on goods covered by trademark licenses, and has lifted restrictions on royalty terms in licenses, under the new Ministry of Finance guidelines established in September 1985. No other restrictions, such as restrictions on duration or amount of royalties, are imposed on trademark licenses.

3.   Under the new Office of Patent Administration guidelines established in 1984, import bans or restrictions constitute "just cause" under Articles 20 and 45 of the Trademark Law, thereby precluding cancellation for non-use or rejection of renewal of a trademark registration of goods subject to such restrictions.

0197

4. Korea has adopted and implemented guidelines which prohibit domestic entities from registering trademarks that are identical to or resemble those owned by foreign entities, regardless of whether the foreign mark is "well-known" in Korea.

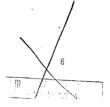

8

0198

D. ENFORCEMENT

The ROKG will exert its best efforts to ensure adequate protection of intellectual property rights through strict enforcement of the relevant laws, and will make public administrative rules and regulations affecting the protection of intellectual property rights. The ROKG also will ensure adequate protection of proprietary data, direct all Korean law enforcement agencies to give high priority to enforcement of intellectual property rights, and will enact effective penalties for intellectual property rights violations.

E. CONSULTATIVE MECHANISM

Korea and the United States agree that consultations will be held under the auspices of the Korea-US Economic Consultation Trade Sub-group regarding (1) any matters relating to the implementation of the understanding reached with respect to the 301 case on intellectual property rights and (2) other issues related to intellectual property of interest to either party.

0199

9

copyright law becomes effective. Such protection will be
provided as of the effective date of the new copyright law.
The ROKG will enforce this administrative guidance by means
including denying or revoking registrations for publishers
patents.

The ROKG will not permit the manufacture or marketing
of products marketed neither in Korea nor in the United States
prior to the effective date of the new patnet law and
which are patented in the United States after January 1, 1980;
this denial of permission to manufacture or market will apply
for 10 years. A list of products meeting the above definition
will be provided by the United States. The consultative group
will meet to confirm that the products on the list satisfy the
foregoing definition; both governments concur that a reasonable
burden of proof must be borne by applicants to ensure a manageable
process. These discussions will be completed no later than
the effective date of the amended Korean patent law. Administrative
guidance will be applied as of this date. Administrative
guidance will be enforced through the denial of domestic production,
marketing and sale approvals in the absence of evidence that the
U.S. patent holder has authorized such manufacture and marketing,
assuming the validity of U.S. patent.

The ROKG agrees to review on a regular basis in the
consulative mechanism the operation of administrative guidance.

Sincerely,

0200

ROKG official

2. 한미 301조 협상 타결 보고서 (1986.7.24.)

외무부 통상정책과. 2015. 한.미국간 미국 통상법 제301조 관련 협의, 1985~86. 전9권. V.7 1986. 7월21일~7월31일. (등록번호: 2015100057) 서울: 외무부 통상정책과. 164~172쪽.

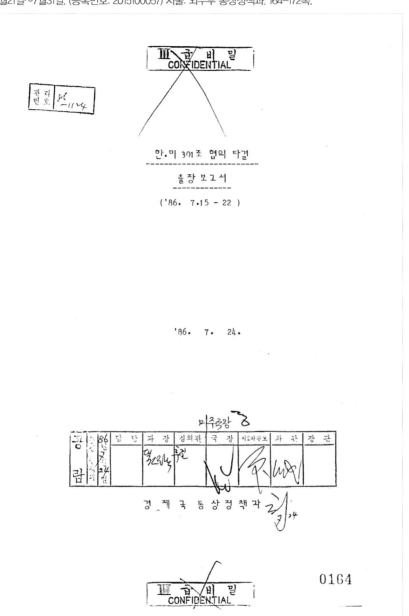

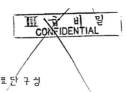

1. 협상 개요

　가. 양측 실무 대표단 구성

아 측 (6명)	미 측 (8명)
주미대사관 홍정표 참사관	USTR S. Kristoff부 대표보
외무부　　최혁 과장	〃 W. Simon　담당관
기획원　　현정택 과장	국무성 Waller 개도국 과장
문공부　　윤희창 법무담당관	〃 Skok 지적소유권담당관
(이상 계속 참석)	〃 Gagnon 한국담당관
주뉴욕공보관 박시정 관장	상무성 S. Goddin 〃
문공부 천호선 문예국장	특허청 Keplinger 특허 담당관
(이상저작권 부분만	국회도서실 Meyer 저작권담당관
참석)	(이상 계속 참석)

　나. 협의 및 타결 경위

　　　　7.16 (수) 10:00-12:00　　주미대사 주재 대책 회의

　　　　　　　　14:00-18:00　　저작권법안 검토 (타결)

　　　　　　18:00-7.17.02:00　특허법 컴퓨터 법안 검토

　　　　　　　　　　　　　　　UCC 발효시기 협의

　　　　　　　　　　　　　　(국내법 발효후 1개월 이내로 잠정

　　　　　　　　　　　　　　합의)

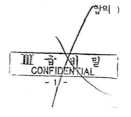

7. 17 (목) 06:00-08:00   UCC 가입 발효시기 재 협의

(국 내법 발효후 3개월 이내 제의)

10:00-12:00 합의문서 형식 및 발표문 안에

대한 1차적 의견 교환

15:00-16:00 미측 、Software 소급효를

새로운 요구로 제시

17:15-17:50 Smith USTR   부 대표 、남궁사 초치

- Software 소급효 없이는 협상

타결이 곤란하다는 미측 입장 전달

(실무협상단 배석)

18:00-19:00 실무단、Software   소급효 、UCC

발효문제 계속 협의

7. 18 (금) 09:30-10:30 주미대사 주재 대책 회의

14:30-24:00 Software   소급효 (5년간) 조건부

문안 합의

- 의약 관련 행정 지도.

약속 문구 (Best Endeavour)

문제가 새로운 쟁점으로 대두

7. 19 (토) 14:00 -24:00 Best Endeavour   조항을

제외한 합의문서 형식 및 내용 합의

0166

7. 20 (일) 01:00-01:45 최과장, Kristoff   약의 통학를 통해

Best Endeavour   조 항에 관한

타협안 제시

06:30-10:00 주 미 대사 - Smith   부 대표,

최과장 - Kristoff 간 최종 타협안에

대해 계속 접촉한 결과 협의재개 합의

12:00-13:30 합의문서 최종 타결

13:30-16:00 합의문서 서명 형식, 시간, 발표형식, 문안

계속 협의

7. 21 (월) 10:00 합의후 서명

2. 합의요지 및 주요 쟁점

'86.6.24 Allgeier 부 대표 방한시 합의내용에

대한 수정, 추가 사항

가. 법안 검토후 주요 수정 합의 사항

○ 강제 실시 또는 재량권 제한 합의

- Software 19, 20, 21조 수정 또는 삭제

(단, 19조는 원 저작권자 주소 불명의

경우 UCC 5조 4항에 준하여 강제 실시 허용)

- 저작권 21조 (번역)및 31조 (교육용 복제)를

각각 UCC 제5조 (ter)및 Tunis

Copyright Model Law (개도국 적용법)에 따름

0167

○ 이상 3개항은 지적소유권에 관한 양해 기록 문서
(ROU)에 반영

나. UCC 가입 발효 시기

○ 미측은 당초 국내법 발효후 1개월 이내를 주장하였으나,
Software 소급효 보호 기간과 연계시켜 국내법
발효후 3개월로 합의
(미측은 Software 소급효 5년、 UCC 1개월 고집)

다. 행정 지도를 통한 Software 소급 보호 문제

○ 6.24 서울 합의시 인쇄된 Software (전체의 5% 정도)에
한해 출판물 무단 복제와 함께 소급 보호를 인정키로 합의

○ 그러나 미측은 아측 협상 입장의 약점을 최대한 활용、
최종 순간에 동 문제를 제기、관철되지 않을 경우
협상 결렬 위협

○ 아측 3년을 제시하였으나 결국 5년 (본부 훈령 제1안)
수락

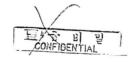

0168

라. 행정 지도 약속의 성격에 대한 문안 문제

o 아측은 '86. 4월 서면 제시한 행정지도 내용에 대한
  설명 문안과 그간 상호간의 양해를 들어 소급효.
  보호를 위한 행정지도는 어디까지나 best endeavour
  임을 주장

o 미측은 협상 경위, 최종 문안은 의무부의 검토를 거친후
  최종 확정 한다는 상호 양해등 아측의 논리적 이며 당연한
  입장에도 불구, 아국의 약점을 이용, 양보할 수 없으며
  불연이면 협상중단 또는 결렬 선언

o 아측 결국 관련 5개 조항중 2개 조항 (Letter on
  explanatory ∧ Note 중 저작권 및 Software   2개 조항)
  에서만 양보 문구인 "모든 가능한 수단을 통한 보호"를
  관철

o 그러나 타협안으로 Yeutter   대사 명의 서한을 통해
  행정지도는 법적 보호를 의미하는 것이 아님을 확실히
  한다는 양해를 확보

o 상기 타협안의 댓가로 아측은 기존 협의 조항을 보완하여
  행정지도와 관련 특정 문제 발생시 협의를 통해 신속히
  해결한다는 요지의 구절을 추가해 주기로 합의

3. 합의 형식

가. 아측이 제의한대로 합의 내용에 대해 각각 양국 정부의
   승인을 조건으로 협의를 종결함과 동시, 미측은 301조
   조사를 종결한다는 요지의 토의록 (ROD)을 작성
   서명하고 4개 합의 문서는 가서명 없이   Annex   로
   첨부

나. 본부 훈령이 관철되지 않은 사항

   1) 토의록 서명자 명의

   - 훈령 : for the delegation of the Government of the
            ROK (USA)

   - 합의 : for the Government of the ROK (USA)

   - 경위 : (1) 미측 주장 (Yeutter   및 김경원 대사는
              정부를 대표하는 것이지 delegation
              (대표단 자체도 부재)을 대표하는 것이 아님

          (2) 조약 관례상 각각 정부 대표로 임명된
              협상단 수석 대표 (chief delegate)
              명의로 하는 것이 관례이나, 금번 경우에는
              해당되지 않음

-6-

0170

(3) 양국 정부 승인 조건부임으로 일종의
ad referendum   합의
임으로 승인절차 종료전이라도 훈령이
있는 경우 정부 대표 명의로 서명 가능

2) Exchange of Letters on Process Patent   문제

- 훈령 : (1) 토의록에만 삽입하고 관련 서한 문안은
        추후 확정

      (2) 동 합의는 국회 동의를 거쳐야 발효 된다는
        점을 명시

- 합의 : (1) 관련 서한 문안 작성   Annex 2
        로 첨부

      (2) 국회동의 구절 삭제

- 경위 : (1) 미측은 동 내용이 합의의   integral part
        임으로 별도문서 작성이 필요 함을 고수

      (2) 미측은 동 합의가 어차피 국회의 동의를 거쳐
        야 함을 양해하고 있으며, ~~미국~~ 정부의
        승인 (미측은 넓은 의미의 정부의 승인에는
        국회의 동의 절차도 포함된다고 해석하는
        것으로 양해됨) 후 시행됨으로 국회동의
        조항이 삽입이 불필요 함을 주장

0171

- 참고 : 아측은 추후 오해가 없도록 아측 제의를 재확인
  하였음. (상기분석는 정부의 Intention에 한정됨")
  ② 본건 국회제출 합의문서 형식을 고려,
  문안 일부수정 (국회동의후 발효조항삽입)을
  거성론 빛 제출때서 각각 면석중

3) 행정지도/ Explanatory Note   에 관한 서한 문제

- 훈령 : 가급적 아측의 일방 서한으로 처리

- 합의 : 미측이 아측 서한 접수를 acknowledge
  하는 일방, 아측 서한이 301조 종결의
  integral part   임을 명시

- 경위 : 미측은 동 문서가 비록 explanatory note
  (당초에는 동 표현에 반대하였으나 결국 수락)
  형태이나, 실질 내용이 매우 중요하고 301조
  종결의 필요 조건임으로 쌍방 서한으로 처리할
  것을 고수

- 참고 : 미측은 당초 지적소유권 보오에 관한 기본 문서
  (ROU)와 본건 교환 서한을 Package 문서로
  하여 ROU 대신, 교환 서한 접수 확인 서한에 301조
  종결을 명시하겠다는 입장이나, 아측의 논리를
  수락, 협상 타결의 일부로 격하하는 데 합의

- 8 -

0172

1. Record of Discussion

외무부 통상정책과. 2015. 한.미국간 미국 통상법 제301조 관련 협의, 1985-86. 전9권. V.8
1986.8~10월. (등록번호: 2015100058) 서울: 외무부 통상정책과. 151쪽

RECORD OF DISCUSSION

1. Representatives of the Governments of the Republic of Korea and
of the United States of America held a series of consultations
from November, 1985 to July, 1986 in Seoul and Washington con-
cerning the opening of the Korean insurance market and protection
of foreign intellectual property rights in Korea.

2. As a result of the consultations, understandings were reached
on the measures to be taken by the Government of the Republic of
Korea on both matters, subject to the approval of the respective
governments. The contents of the understandings reached between
the two sides are attached.

3. Based on these understandings and in anticipation that the
measures to be taken by the Government of the Republic of Korea
will proceed as scheduled, the U.S. Government agreed to terminate
the investigation of the Korean insurance market, as well as the
protection of intellectual property rights initiated under
Section 301 of the Trade Act of 1974, as amended.

4. As of the date both governments notify each other of their
approval, the understandings set forth in the attached annexes
will be implemented and the 301 investigation will be terminated.

For the   For the
Government of the   Government of the
Republic of Korea   United States of America

Kyungwon Kim   _Clayton Yeutter_
July 21, 1986   7/21/1986

Annexes:
1. Exchange of letters on insurance
2. Exchange of letters on process patents
3. Record of understanding on intellectual property rights
4. Explanatory letter on administrative guidance.

0151

EMBASSY OF THE REPUBLIC OF KOREA
WASHINGTON, D. C.

August 28, 1986

The Honorable Clayton Yeutter
United States Trade Representative
600 17th Street, N.W.
Washington, D.C. 20506

Dear Ambassador Yeutter:

This letter sets forth measures that the Government of the
Republic of Korea (ROKG) will undertake in connection with
insurance practices.

A. NON-LIFE INSURANCE

1. The ROKG will license two U.S. firms to underwrite compulsory
fire insurance and will assist the two U.S. firms to become
admitted to the fire pool in all geographic areas by July 31,
1986.

2. The allocation of premia and risks within the fire pool is
not subject to government regulation or control, but is a matter
of private agreement. Accordingly, the method of allocating
premia and risks within the fire pool will be negotiated and
decided upon by the participating firms, including participating
U.S. firms. The ROKG will provide support for a fair and
reasonable system of allocation of premia within the fire pool.
In this regard, it is understood that U.S. firms will participate
in the fire pool on the basis of the same allocation formula that
applies to Korean firms participating in the pool. This principle
would permit the U.S. firms, under the current allocation
formula, to share equally in premia distribution within the pool.
Subsequent to the date of this letter, the U.S. firms referred to
in the above paragraph will participate fully in any
reformulation of the distribution of premia. It is understood
that any change in the current formula would be through agreement
among all the insurance firms participating in the pool including
the two U.S. firms referred to in the above paragraph. It is
understood that the U.S. firms operating in the pool will not
share risks and participate in the allocation of premia for the
buildings owned by the government or defense contractors. It is
further understood that the proportional share of underwriting

0152

activity in the fire pool represented by the buildings owned by the government or defense contractors will not change significantly. Should either government so request, the two governments shall consult in the consultative mechanism concerning this issue.

B. LIFE INSURANCE

The ROKG will license at least one branch of a U.S. insurance firm to underwrite life insurance by the end of 1986.

C. ADDITIONAL LICENSES

The ROKG will license qualified U.S. insurance firms to underwrite life and non-life insurance in Korea. Korean insurance authorities will be prepared to receive license applications as soon as the section 301 case is terminated, and will provide all necessary information as to the technical requirements for submitting applications. All applications will be reviewed in a timely fashion and decisions rendered on the qualifications of U.S. firms will be provided in writing.

D. CONSULTATIVE MECHANISM

The ROKG and the United States Government agree to consult through the Korea-U.S. Economic Consultation Trade Subgroup regarding (1) any matters relating to the implementation of the understanding reached with respect to the 301 case on insurance (e.g., complaints about specific practices, the operation of the fire pool, technical and administrative matters and new entrants to the market) and (2) other issues on insurance of interest to either party. Consultations in the Trade Subgroup concerning regulatory and capitalization requirements, reinsurance and retention levels will begin in August 1986 and proceed according to a schedule to be developed by the two governments with a view to reaching specific understandings during 1986.

It is our understanding that, in recognition of these measures, the United States Government has terminated the investigation into insurance practice in Korea initiated under section 301 of the Trade Act of 1974, as amended.

Sincerely,

Kyung-Won Kim
Ambassador

0153

THE UNITED STATES TRADE REPRESENTATIVE
WASHINGTON
20506

August 28, 1986

The Honorable Kyung-Won Kim
Embassy of the Republic of Korea
2370 Massachusetts Avenue, N.W.
Washington, D.C. 20008

Dear Ambassador Kim:

I have the honor to acknowledge receipt of your letter of today's
date which reads as follows:

"Dear Ambassador Yeutter:

This letter sets forth measures that the Government of the Republic
of Korea (ROKG) will undertake in connection with insurance
practices.

A. NON-LIFE INSURANCE

1. The ROKG will license two U.S. firms to underwrite compulsory
fire insurance and will assist the two U.S. firms to become
admitted to the fire pool in all geographic areas by July 31,
1986.

2. The allocation of premia and risks within the fire pool
is not subject to government regulation or control, but is a
matter of private agreement. Accordingly, the method of allocating
premia and risks within the fire pool will be negotiated and
decided upon by the participating firms, including participating
U.S. firms. The ROKG will provide support for a fair and reason-
able system of allocation of premia within the fire pool. In
this regard, it is understood that U.S. firms will participate
in the fire pool on the basis of the same allocation formula
that applies to Korean firms participating in the pool. This
principle would permit the U.S. firms, under the current allocation
formula, to share equally in premia distribution within the
pool. Subsequent to the date of this letter, the U.S. firms
referred to in the above paragraph will participate fully in
any reformulation of the distribution of premia. It is understood
that any change in the current formula would be through agreement
among all the insurance firms participating in the pool including
the two U.S. firms referred to in the above paragraph. It is
understood that the U.S. firms operating in the pool will not
share risks and participate in the allocation of premia for

0154

the buildings owned by the government or defense contractors.
It is further understood that the proportional share of underwri-
ting activity in the fire pool represented by the buildings owned
by the government or defense contractors will not change signif-
icantly. Should either government so request, the two governments
shall consult in the consultative mechanism concerning this
issue.

B. LIFE INSURANCE

The ROKG will license at least one branch of a U.S. insurance
firm to underwrite life insurance by the end of 1986.

C. ADDITIONAL LICENSES

The ROKG will license qualified U.S. insurance firms to underwrite
life and non-life insurance in Korea. Korean insurance authorities
will be prepared to receive license applications as soon as
the section 301 case is terminated, and will provide all necessary
information as to the technical requirements for submitting
applications. All applications will be reviewed in a timely
fashion and decisions rendered on the qualifications of U.S. firms
will be provided in writing.

D. CONSULTATIVE MECHANISM

The ROKG and the United States government agree to consult through
the Korea-U.S. Economic Consultation Trade Subgroup regarding
(1) any matters relating to the implementation of the understanding
reached with respect to the 301 case on insurance (e.g., complaints
about specific practices, the operation of the fire pool, technical
and administrative matters and new entrants to the market) and
(2) other issues on insurance of interest to either party.
Consultations in the Trade Subgroup concerning regulatory and
capitalization requirements, reinsurance and retention levels
will begin in August 1986 and proceed according to a schedule
to be developed by the two governments with a view to reaching
specific understandings during 1986.

It is our understanding that, in recognition of these measures,
the United States Government has terminated the investigation
into insurance practice in Korea initiated under section 301 of
the Trade Act of 1974, as amended.

                              Sincerely,

                              Kyung-Won Kim
                              Ambassador"

- 3 -

Based on the commitments contained in your letter, and in anticipation that implementation of these commitments will proceed as scheduled, the United States Government has terminated the investigation into insurance practices in Korea initiated under section 302(c) of the Trade Act of 1974, as amended.

Sincerely,

Clayton Yeutter

0156

외무부 통상정책과. 2015. 한.미국간 미국 통상법 제301조 관련 협의, 1985-86. 전9권. V.8
1986.8~10월. (등록번호: 2015100058) 서울: 외무부 통상정책과. 160-163쪽.

RECORD OF UNDERSTANDING ON
INTELLECTUAL PROPERTY RIGHTS

A. COPYRIGHTS

1. The Government of the Republic of Korea (ROKG) will draft
a comprehensive copyright bill which will be submitted to the
National Assembly before the end of September 1986. The ROKG
will exert its best efforts to ensure that the legislation is
enacted so as to become effective no later than July 1, 1987.

2. The ROKG will accede to the Universal Copyright Convention
(UCC) and Geneva Phonogram Convention and will take the necessary
steps to obtain the approval of the National Assembly for accession
so as to make those conventions effective with respect to Korea
within 90 days of the effective date of the new copyright law.

3. The copyright law which is enacted will be comprehensive
in coverage, will provide protection to traditional works,
e.g., those enumerated in Article I of the UCC, and will conform
to the UCC. Copyright protection for computer programs will be
recognized in the new copyright law.

4. Copyright protection for computer software will be described
in the Computer Program Protection Law, to become effective at
the same time as the new copyright law. The provisions of the
Computer Program Protection Law will be consistent with the
copyright protection afforded other literary works. An inter-
ministerial committee (the Program Deliberation Committee)
will be established by law to ensure that administration of
copyright protection for software conforms to administration of
copyright protection for other works.

5. Protection for sound recordings for a term of 20 years will
be included in the new copyright law as a neighboring right,
complementing the existing Phonogram Law. In addition, the
protection of sound recordings against unauthorized reproduction,
importation and distribution will be strengthened through stricter
enforcement of Korea's Phonogram Law.

6. The ROKG will study the feasibility of extending copyright
protection to data bases as compilations. In the meantime, the
new copyright law will provide for protection of copyrightable
works whether or not they are incorporated in a data base.

7. The ROKG will study the feasibility of extending protection
to semiconductor chips with an intention to provide protection
against unauthorized reproduction.

8. The ROKG will study satellite telecasts and cable TV, with
a view toward protecting them under the new copyright law.

0160

9. The ROKG will implement the translation compulsory licensing provisions in the new copyright law and the implementing regulations to conform with Article Vter of the UCC. The provisions of the new copyright law concerning the use of copyrighted works for the purpose of school education shall be implemented in a manner fully consistent with international copyright as reflected in the fair use provisions of the Tunis Model Law on Copyright for Developing Countries. Provisions permitting the reproduction of computer software when the author is unknown or cannot be found will be implemented in a manner consistent with the provisions of Article Vquater of the UCC.

10. The ROKG will strengthen penalties against copyright infringement under the new copyright law so that the rights of both domestic and foreign copyright owners can be protected effectively. Such penalties will be consistent with the nature and severity of penalties for other offenses under Korean law.

11. The ROKG will extend liability for copyright infringement under the new copyright law to include the same entities (sellers and distributors) as may be found liable for violation under Korea's Motion Picture Law and Phonogram Law.

12. The new copyright law will provide a term of life plus 50 years for works whose authors are individuals, and a term of 50 years from first publication in the country of origin for works authored by juridical entities, such as corporations.

13. Through administrative guidance, printed materials copyrighted in the United States and published during the ten year period and computer software created and first published in the five year period prior to the year in which the new copyright law becomes effective will be prevented from unauthorized reproduction, publication and distribution from the effective date of the new copyright law. As for sound recordings, video recordings, motion pictures and performances, through stricter enforcement of relevant laws, the ROKG will deny permission for their importation, reproduction, publication or distribution (deny approval of application in the case of performances) in the absence of a valid license or contract.

B. PATENT RIGHTS

1. A comprehensive bill to amend the patent law to include patent coverage for chemical and pharmaceutical products and new uses of chemical and pharmaceutical products will be introduced to the National Assembly by the end of September 1986. The ROKG will exert its best efforts to secure enactment of the bill by the end of 1986. Regulations, guidelines and other administrative mechanisms will be formulated so that applications for patents may be accepted by the Office of Patent Adminis-

0161

tration no later than July 1, 1987.

2. In drafting the proposed legislation, the ROKG will establish a patent term of 15 years from the date of publication of the patent application.

3. Measures related to Articles 45 and 59 of the patent law will be modified so that non-exclusive licenses will be granted only in those situations in which the dependent patent represents a substantial technical advance over the dominant patent.

4. Measures related to Articles 51 and 52 of the patent law will be modified to reduce the discretionary power of the Office of Patents Administration to grant non-exclusive licenses.

5. Patent protection for new microorganisms will be effective at the same time as for chemical products and pharmaceuticals.

6. Korea will accede to the Budapest Treaty in 1987.

7. Through administrative guidance, certain products which are patented in the United States after January 1, 1980, but are marketed neither in Korea nor in the United States prior to the effective date of the new patent law, will be protected by denial of permission to manufacture or market such products in Korea without authorized permission of the United States patent owner(s) for ten years from the effective date of the amended Korean patent law. The identification of these products will be decided upon in the consultative mechanism no later than the effective date of the amended Korean patent law.

C. TRADEMARKS

1. The ROKG amended Article 24 of the Presidential Decree accompanying the Foreign Capital Inducement Act to remove the requirement for technology inducement as a condition for accepting applications for trademark licenses. By removing this requirement, the trademark license will be permitted to continue beyond the life of any accompanying technology inducement agreement, and joint venture or raw material supply agreements will no longer be necessary for trademark licensing.

2. Korea has completely repealed export requirements on goods covered by trademark licenses, and has lifted restrictions on royalty terms in licenses, under the new Ministry of Finance guidelines established in September 1985. No other restrictions, such as restrictions on duration or amount of royalties, are imposed on trademark licenses.

3. Under the Office of Patent Administration guidelines established in 1984, import bans or restrictions constitute "just

cause" under Articles 20 and 45 of the Trademark Act, thereby precluding cancellation for non-use or rejection of renewal of a trademark registration of goods subject to such restrictions.

4. Korea has adopted and implemented guidelines which prohibit domestic entities from registering trademarks that are identical to or resemble those owned by foreign entities, regardless of whether the foreign mark is "well-known" in Korea.

D. ENFORCEMENT

The ROKG will exert its best efforts to ensure adequate protection of intellectual property rights through strict enforcement of the relevant laws, and will make public administrative rules and regulations affecting the protection of intellectual property rights. The ROKG also will ensure adequate protection of proprietary data, direct all Korean law enforcement agencies to give high priority to enforcement of intellectual property rights, and will enact effective penalties for intellectual property rights violations.

E. CONSULTATIVE MECHANISM

Korea and the United States agree that consultations will be held under the auspices of the Korea-U.S. Economic Consultation Trade Subgroup regarding (1) any matter relating to the implementation of the understanding reached with respect to the 301 case on intellectual property rights and (2) other issues related to intellectual property of interest to either party.

Based on the commitments contained in this Record of Understanding, and in anticipation that implementation of these commitments will proceed as scheduled, the United States Government has terminated the investigation into Korea's protection of intellectual property initiated under Section 302(c) of the Trade Act of 1974, as amended.

For the Government of the
Republic of Korea

Kyuntaik Kim

Aug. 28, 1986

For the Government of the
United States of America

Clayton Yeutter

Aug. 28, 1986

0163

외무부 통상정책과. 2015. 한.미국간 미국 통상법 제301조 관련 협의. 1985-86. 전9권. V.8 1986.8~10월.
(등록번호: 2015100058) 서울: 외무부 통상정책과. 164-166쪽.

EMBASSY OF THE REPUBLIC OF KOREA
WASHINGTON, D. C.

August 28, 1986

The Honorable Clayton Yeutter
United States Trade Representative
600 17th Street, N.W.
Washington, D.C. 20506

Dear Ambassador Yeutter:

With reference to the Record of Understanding, concerning
protection of U.S. intellectual property rights in Korea, I am
pleased to provide herewith an explanatory letter on the
administrative guidance referred to in paragraphs A.13 and B.7 of
said Record of Understanding to be taken by the ROKG for
protection of certain U.S. copyrights and patents.

The measures to be taken by the ROKG through administrative
guidance are as follows:

COPYRIGHTS

Through the strict application of administrative guidance, based
on the provisions of the Law on Registration of Publishers and
Printers, the ROKG will use every available means to prevent the
unauthorized reproduction, publication and distribution of U.S.
copyrighted printed materials. Administrative guidance will be
applied to all U.S. copyrighted printed materials created or
published during the ten year period prior to the year in which
the new copyright law becomes effective. Such protection will be
provided as of the effective date of the new copyright law.

The ROKG will enforce this administrative guidance by means
including denying or revoking registrations for publishers or
printers who engage in the unauthorized reproduction, publication
or distribution of U.S. copyrighted printed materials.

Through the strict application of administrative guidance, based
on relevant laws, the ROKG will use every available means to
prevent the unauthorized reproduction, publication and
distribution of U.S. copyrighted computer programs. Relevant laws
would include the Engineering Service Promotion Law, which
requires registration by data processing companies. For those
companies not yet registered under this law, the ROKG will

0164

require them to register. The ROKG will enforce this administrative guidance by means including denial of registration and of financial benefits provided under relevant laws such as the Engineering Service Promotion Law and the Technology Development Promotion Law. Such protection will apply to all U.S. copyrighted computer programs created or first published during the five-year period prior to the year in which the computer program protection law becomes effective. This protection will be provided as of the effective date of the computer program protection law.

The ROKG will deny permission for the importation, reproduction, publication or distribution of sound recordings, video recordings and motion pictures in the absence of a valid license or contract which establishes that the importation, reproduction, publication or distribution would not infringe a U.S. copyright. The ROKG will deny approval of performance applications in the absence of a valid license or contract which establishes that the performance is authorized by the U.S. copyright holder.

The ROKG will impose penalties on those who infringe U.S. copyrights. Such penalties will include imposition of fines, incarceration, cancellation of licenses and registrations and denial of financial benefits. These actions and penalities will be based on Korean laws, including the Law on Registration of Publishers and Printers, the Phonogram Law, the Motion Picture Law and the Performance Law.

PATENTS

The ROKG will not permit the manufacture or marketing of products marketed neither in Korea nor in the United States prior to the effective date of the amended Korean patent law and which are patented in the United States after January 1, 1980; this denial of permission to manufacture or market will apply for 10 years. A list of products meeting the above definition will be provided by the United States. The consultative group will meet to confirm that the products on the list satisfy the foregoing definition; both governments concur that a reasonable burden of proof must be borne by applicants to ensure a manageable process. These discussions will be completed no later than the effective date of the amended Korean patent law. Administrative guidance will be applied as of this date. Administrative guidance will be enforced through the denial of domestic production, marketing and sale approvals in the absence of evidence that the U.S. patent holder has authorized such manufacture and marketing, assuming the validity of the U.S. patent.

The ROKG agrees to review on a regular basis in the consultative mechanism the operation of administrative guidance. In this regard, the consultative mechanism will be used to resolve expeditiously specific matters involving misappropriation of intellectual property rights.

Sincerely,

Kyung-Won Kim
Ambassador

외무부 통상정책과. 2015. 한.미국간 미국 통상법 제301조 관련 협의, 1985~86. 전9권. V.8 1986.8~10월.
(등록번호: 2015100058). 서울: 외무부 통상정책과. 167~170쪽.

THE UNITED STATES TRADE REPRESENTATIVE

WASHINGTON

20506

August 28, 1986

The Honorable Kyung-Won Kim
Embassy of the Republic of Korea
2370 Massachusetts Avenue, N.W.
Washington, D.C. 20008

Dear Ambassador Kim:

I have the honor to acknowledge receipt of your letter of today's
date which reads as follows:

"Dear Ambassador Yeutter:

    With reference to the Record of Understanding, concerning
protection of U.S. intellectual property rights in Korea, I am
pleased to provide herewith an explanatory letter on the ad-
ministrative guidance referred to in paragraphs A.13 and B.7 of
said Record of Understanding to be taken by the ROKG for protection
of certain U.S. copyrights and patents.

    The measures to be taken by the ROKG through administrative
guidance are as follows:

COPYRIGHTS

Through the strict application of administrative guidance, based
on the provisions of the Law on Registration of Publishers and
Printers, the ROKG will use every available means to prevent the
unauthorized reproduction, publication and distribution of
U.S. copyrighted printed materials. Administrative guidance will
be applied to all U.S. copyrighted printed materials created or
published during the ten year period prior to the year in which
the new copyright law becomes effective. Such protection will be
provided as of the effective date of the new copyright law.

The ROKG will enforce this administrative guidance by means
including denying or revoking registrations for publishers
or printers who engage in the unauthorized reproduction, publica-
tion or distribution of U.S. copyrighted printed materials.

Through the strict application of administrative guidance, based
on relevant laws, the ROKG will use every available means to
prevent the unauthorized reproduction, publication and distribution
of U.S. copyrighted computer programs. Relevant laws would include
the Engineering Service Promotion Law, which requires registration
by data processing companies. For those companies not yet

0167

registered under this law, the ROKG will require them to register. The ROKG will enforce this administrative guidance by means including denial of registration and of financial benefits provided under relevant laws such as the Engineering Service Promotion Law and the Technology Development Promotion Law. Such protection will apply to all U.S. copyrighted computer programs created or first published during the five-year period prior to the year in which the computer program protection law becomes effective. This protection will be provided as of the effective date of the computer program protection law.

The ROKG will deny permission for the importation, reproduction, publication or distribution of sound recordings, video recordings and motion pictures in the absence of a valid license or contract which establishes that the importation, reproduction, publication or distribution would not infringe a U.S. copyright. The ROKG will deny approval of performance applications in the absence of a valid license or contract which establishes that the performance is authorized by the U.S. copyright holder.

The ROKG will impose penalties on those who infringe U.S. copyrights. Such penalties will include imposition of fines, incarceration, cancellation of licenses and registrations and denial of financial benefits. These actions and penalties will be based on Korean laws, including the Law on Registration of Publishers and Printers, the Phonogram Law, the Motion Picture Law and the Performance Law.

PATENTS

The ROKG will not permit the manufacture or marketing of products marketed neither in Korea nor in the United States prior to the effective date of the amended Korean patent law and which are patented in the United States after January 1, 1980; this denial of permission to manufacture or market will apply for 10 years. A list of products meeting the above definition will be provided by the United States. The consultative group will meet to confirm that the products on the list satisfy the foregoing definition; both governments concur that a reasonable burden of proof must be borne by applicants to ensure a manageable process. These discussions will be completed no later than the effective date of the amended Korean patent law. Administrative guidance will be applied as of this date. Administrative guidance will be enforced through the denial of domestic production, marketing and sale approvals in the absence of evidence that the U.S. patent holder has authorized such manufacture and marketing, assuming the validity of the U.S. patent.

The ROKG agrees to review on a regular basis in the consultative mechanism the operation of administrative guidance. In this regard, the consultative mechanism will be used to resolve expeditiously specific matters involving misappropriation of intellectual property rights.

Sincerely,

Kyung-Won Kim
Ambassador"

I acknowledge your letter as an integral part of the resolution of the Section 301 investigation on intellectual property protection.

Sincerely,

Clayton Yeutter

0169

THE UNITED STATES TRADE REPRESENTATIVE
WASHINGTON
20506

August 28, 1986

The Honorable Kyung-Won Kim
Embassy of the Republic of Korea
2370 Massachusetts Avenue, N.W.
Washington, D.C.   20008

Dear Ambassador Kim:

I want to thank you for your considerable personal efforts in bringing the two section 301 cases on insurance and intellectual property protection to a successful conclusion. Termination of the cases was a very gratifying outcome to these long-pending issues.

We must now turn our attention to implementing the commitments Korea has agreed to undertake. Most importantly, we must begin to use the consultative mechanisms established in the agreements so that implementation proceeds smoothly. We will shortly forward to you our proposals for consultations on the remaining technical matters related to insurance. Also we will begin working with our private sector advisors to identify intellectual property rights covered by the transition provisions of the agreement. We recognize that the use of administrative guidance does not create legal protection under Korean law for U.S. intellectual property owners. This underscores the need to continue our close cooperation to ensure that the spirit of the agreement is fully carried out.

I look forward to working with you in resolving issues in our trade relationship and in strengthening our strong economic ties.

Sincerely,

Clayton Yeutter

CY:kdp

0170

외무부 통상정책과. 2015. 한.미국간 미국 통상법 제301조 관련 협의, 1985-86. 전9권. V.9. 후속조치.
(등록번호: 2015100059). 서울: 외무부 통상정책과. 147-154쪽.

대미 301 조 합의사항 후속 조치

1. 보 험

가. 화재보험 풀 참여 허용

○ 합의 내용

- 2개 미국회사에 대해 86. 7. 31 까지 풀 참여 허용
  (단, 방산업체 및 국, 공유건물 화보풀에는 불참여)

- 보험료 배분은 한국사와 동일 조건

○ 조 치 현 황

- 86. 8. 1. A.H.A. (American Home Assurance) 및 CIGNA
  사에 대해 강제 화재보험 영업인가 및 풀 참여 허용

- 수입보험료를 국적불문 참여 13개사가 균등 배분 허용

---

* 화재 보험풀 : • 7대 도시 4층 이상 건물, 방산업체 건물 및
국, 공유건물을 대상으로 11개 국 내회사간에
풀 형성

• 화보풀 수입보험료 : 366억원 (35년도)

* 손해보험 시장규모 : 1조 280억원 (85년도 수입 보험료)

- 1 -

0147

나. 생명보험 참여

○ 합 의 내 용

- 1개 미국 회사에 대해 86년말까지 생명보험 영업인가

○ 조 치 현 황

- 86. 11. 15. LINA (life Insurance of North America)
  사에 대해 생명보험 영업인가 (내인가)
- 영업준비 완료후 본인가 예정

* 생명보험 시장 현황

- 6개 국 내회사, 85년도 수입 보험료 3조 9870억원
- 국내 생명보험 시장의 안정, 육성을 위해 58년 부터
  국내회사에 대해서도 추가 참여를 불허하고 있음.

다. 손해, 생명보험 회사 추가 참여

○ 합 의 내 용

- 유자격 미국 회사의 추가 참여 허용
- 301조 조사 종결후부터 신청 접수

○ 조 치 계 획

- 신청건별로 인가여부 결정 예정
- American Family Corp. 등 2-3 개 사가 관심표명중.

- 2 -

0148

2. 지적 소유권

(저작권)

가. 저작권법 개정

　ㅇ 합의 내용

　　- 새 저작권법을 금년 정기국회중 국회통과 노력,
　　　87. 7. 1. 부터 시행

　　　· 저작권 보호를 국제수준으로 강화

　　　· 보호 기간 : 50년

　┌─────────────────────────────────────┐
　│ ㅇ 조 치 현 황   │
　│   │
　│ - 현재 국회 계류중, 11월말 또는 12월초 상임위 심의예정 │
　│ - 86. 11. 13 - 14 미측과 301조 관련 법안 내용에 관해 │
　│   협의한바, 저작권법 및 특허법에 관해서는 미측 이의 없었음 │
　│ - 87년 상반기중 시행령 정비, 87. 7. 1 시행토록 추진중 │
　│   (시행령 성안시 미측과 협의요)   │
　└─────────────────────────────────────┘

나. 컴퓨터 소프트웨어 보호

　ㅇ 합의 내용

　　- 컴퓨터 소프트웨어를 저작권 개념으로 보호. 단, 컴퓨터
　　　프로그램 보호법은 저작권법과 별도로 입법 (87.7.1 시행)

　┌─────────────────────────────────────┐
　│ ㅇ 조 치 현 황   │
　│ - 현재 국회 계류중   │
　└─────────────────────────────────────┘

-3-

0149

* 미측、 국회계류 법안중 2개 조항 (28조 및 30조) 이 합의 사항과 다르다고 주장、 수정 요구

(미측 주장)

- 28조 : 프로그램 심의위원회는 과기처 - 문공부 공동 구성이어야 하나、 현 법안에는 과기처 단독 기구로 되어 있음．

- 30조 : 저작권법이〉소프트웨어법의 상위법이 되어야하나、 현 법안은 그렇지 못함．

(아측 방침)

- 국회 상임위 심의 과정에서 일부 수정 예정

다. 세계저작권 협약 (UCC) 및 제네바 음반협약 (GPC) 가입

○ 합 의 내 용

- UCC 및 GPC 에 87ㆍ 9ㆍ 30 까지 발효토록 가입

○ 조 치 현 황

- 87년 상반기중 국회 통과、 87ㆍ 6ㆍ 30까지 가입서 기탁 예정 (가입서 기탁후 3개월후 발효)

- 4 -

0150

＊ 금년 정기국회 미상정이유 : 301조 관련 법안과 동시에
국회제출 경우, 국회의 반대 여론이 더욱 클 것으로 예상,
내년 임시국회에 제출 예정

＊ UCC 가입 의의 : 저작권법상 외국인 저작권 보호는
국내에서 최초 발간된 저작물에 한정되므로 외국인의 저작권
보호를 위해서는 국제 협약 가입 필요 (Bern 조약은 소급
효가 인정되므로 소급효가 없는 UCC 가입, UCC 가입국
: 76 개국)

＊ GPC 가입 이유 : 현 음반법으로도 외국인의 음반 보호가
가능하나 확실한 법적 근거 마련을 위해 가입 결정
(GPC 가입국 : 39개국)

라. 소급 보호

○ 합 의 내 용

- 1977년 이후 발간된 미국 저작물 및 1982년 이후 발간된
미국 소프트웨어는 87·7·1 부터 행정 지도를 통해
보호 (무단복제, 출판 및 배포 금지)

- 음반, 비디오, 영화 및 공연은 현 행법의 엄격한 시행
으로 미저작권 보호 강화

○ 조 치 현 황
- 상금 세부 시행 계획 미수립 (신 저작권법 제정후 검토)

- 5 -

0151

* 행정 지도를 통한 보호 : 출판、인쇄업자 등록법、기술
용역 진흥법、음반법、영화법、약사법、농약관리법등
현행법 규정을 활용、미저작권자 및 특허권자의 승인이나
계약서가 없는 경우에는 출판、발행、제조등의 인、허가
를 불허하며、동 위반시에는 관계법에 따른 자금지원
불허등 제반 불이익을 가함으로써 미저작권 보호

(특 허 권)

가. 특허법 개정

　○ 합의 내용

　- 금년 정기국회중 국회 통과 노력、87· 7· 1 부터 시행

　- 의약 및 화학 물질에 대한 물질특허 인정

　- 특허 보호기간은 출원 공고후 15년으로 연장(현재는 12년)

　○ 조치 현황

　- 특허법 개정안 국회 계류중、11월말 또는12월초 상임위
심의 예정

나. 미생물 보호

　○ 합의 내용

　- 미생물 특허 인정

　- 87년중 부다페스트 조약 가입

0152

○ 조치 현황

- 87년 하반기중 부다페스트 조약 가입서 기탁 예정

  ＊ 동 조약 가입의의 : 미생물 Sample 의 기탁으로
    전 가입국에서 특허를 인정받게됨. (동 조약은
    국회동의 불요)

다. 소급보호

○ 합의 내용

- 개정법 시행일 현재 계류중인 미국의 제법특허 출원은
  물질특허 청구도 포함토록 보정허용
  (쌍무협정 체결)

- 80. 1. 1 이후 미국 특허를 취득하고 한·미 양국에서
  시판되지 않은 물질 (pipeline product) 은 행정지도를
  통해 개정법 시행일로부터 10년간 보호

○ 조치 현황

- 쌍무 협정

  • 86. 11. 11 국회제출, 12월초 외무위 심의예정
  • 87년 상반기중 미국에 국내조치 완료 통고요

  ＊ 쌍무협정으로 체결 이유 : 일종의 경과조치로서
    특허법 단서 조항으로 규정함이 바람직하나, 미국에
    대해서만 인정하기 위하여 쌍무 협정으로 체결

- 7 -

0153

* 해당 건수 : 현재 계류중인 제법특허 약 3,000건중
1,000여건이 미국인 출연분, 그 중
약 300건이 물질특허 보정 대상

- Pipeline Product

• 87년 상반기까지 미측으로부터 list 접수, 해당물질
확정 예정

* 허용 이유 : 아국의 물질특허 인정 대상은 아니나
아직 시판되지 않은 새로운 물질이므로
보호제공 필요

* 대상 건수 : 미측의 list 접수전에는 확인이 어려
우나, 미측 주장으로는 "handful"
정도라함. 끝.

0154

| 연 표 |

일 자		내 용
1980년대	초반	한국의 해적판 서적과 특허, 상표권 침해에 대한 미국 내 비난 고조
1983 ~1985		지식재산권 보호에 관한 양측간 수차례의 협의 결렬
1985	9. 23	레이건 대통령 보험분야 301조 조사 지시 [자료 1-1] 레이건 대통령의 무역정책/조치계획 발표: 한국 보험시장에 대한 301조 조사 (1985.9.23.)
	10. 16.	레이건 대통령 지식재산권 분야 301조 조사 지시 [자료 1-2] 불공정 무역관행에 대응하기 위한 레이건 대통령의 조치: 한국 지적재산권에 대한 301조 조사 (1985.10.16.)
	11. 25 ~ 27	보험 및 지식재산권 301조 비공식 실무협의(워싱턴)
	12. 9 ~ 11	보험 및 지식재산권 301조 실무협의(서울) [자료 2] 한미 301조 실무협상 (서울, 1차 공식회의) (1985.12.9.-11)
	12. 26	미국 측 대안 접수 [자료 2-3] 협상 결과에 대한 미국 측 검토 초안 (1985.12.26.)
1986	1. 28	김경원 주미 대사와 스미스(Smith) 미 무역대표부(USTR) 부대표 면담 - 한국 측 대안 제시
	1. 31	김경원 주미 대사와 스미스 부대표 면담
	2. 3	보험분야 미국 측 양해각서(MOU)안 및 추가 협약(Side-Letter)안 접수
	2. 4	홍정표 주미 대사관 참사관과 크리스토프(Kristoff) 미 무역대표부 부대표보 면담 - 보험 문제 관련 실무협의
	2. 6	홍정표 참사관과 크리스토프 부대표보 면담 - 보험 및 지식재산권 타결 방식 관련 한국 정부의 입장 통보 및 미국 측 입장 파악

일 자		내 용
1986	2. 12	김경원 주미 대사 스미스 미 무역대표부 부대표 면담 - 보험분야 한국 측 서한 교환(Exchange of Letter) (합의문안) 제시
	2. 14	김경원 주미 대사와 스미스 부대표 면담
	2. 20 ~ 21	스미스 부대표 방한 - 부총리 및 관계부처 장관 면담 협의
	3. 11	부총리, 재무장관, 경제수석 앞 스미스 부대표의 서한 접수 - 보험분야 미국 측의 서한 교환(Exchange of Letters)안
		홍정표 참사관과 알가이어(Allgeier) 미 무역대표부 대표보, 크리스토프 부대 표보 및 셀프(Self) 부대표보 면담 - 301조 관련 보험 MOU 안과 지식재산권 소급효에 관한 미국 측 입장 청취 및 의견 교환
	3. 18	김경원 주미 대사와 스미스 부대표 면담 - 지식재산권 소급효 인정 및 보험 중심 협의
	3. 27	김경원 주미 대사와 스미스 부대표 면담 - 한국 측 일괄 타결안 구두 제시 [자료 3-3] 김경원 주미대사와 Smith 부대표 교섭 사례 (1986.3.27.)
	4. 1	홍정표 참사관과 크리스토프 부대표보 면담 - 보험분야 미국 측 서한 교환안 접수
	4. 2	홍정표 참사관과 크리스토프 부대표보 면담 - 보험 문안 관련 협의
	4. 9	홍정표 참사관과 크리스토프 부대표보 면담 - 지식재산권 소급효 관계 질문서 전달 및 의견 교환
	4. 16	홍정표 참사관과 크리스토프 부대표보 면담 - 지식재산권 소급 보호 관련 한국 측 답변 자료 전달 및 한국의 저작권법 개정법률안 및 컴퓨터 프로그램 보호법안 내용에 대한 미국 측 의견서 접수
	4. 21	홍정표 참사관과 크리스토프 부대표보 면담 - 보험분야 미국 측 합의문안에 대한 한국 측 입장 전달
	4. 24	미국 측으로부터 보험 합의문안 접수

일 자		내 용
1986	4. 29	홍정표 참사관과 알가이어 대표보 면담 - 저작권법안 및 컴퓨터 프로그램 보호법안의 미국 측 검토 의견에 대한 한국 입장 전달
	5. 15	김경원 주미 대사와 스미스 부대표 면담 - 보험 분야 합의*
	5. 20	홍정표 참사관과 크리스토프 부대표보 면담 - 보험 문안 확인 및 미국 측 지식재산권 합의문안 접수
	5. 21	김경원 주미 대사와 스미스 부대표 면담 - 야이터(Yeutter) 미 무역대표부 대표 방한 전 협의
		홍정표 참사관과 크리스토프 부대표보 면담 - 저작권 소급효 및 미시판 물질 보호에 관한 미국 측 쌍무협정안 접수 및 의견 교환
	5. 27 ~ 6. 1	야이터 미 통상대표 일행 방한 중 301조 협의 (Yeutter, Allgeier, Smith와 한국 관계부처간 협의) - 특허분야 원칙적 합의*
	6. 6	김경원 주미 대사와 스미스 부대표 면담 - 지식재산권 분야 미합의 사항에 대한 미국 측 제의 접수
	6. 9	홍정표 참사관의 크리스토프 부대표보 면담 - 저작권법안, 특허법안 및 상표법안에 대한 미국 측 대안 접수 및 GSP 문제와 301조 타결 계기 홍보 문제 협의
	6. 19	유종하 외무부 제2차관보와 알가이어 미무역대표부 대표보 면담 - 301조 타결 발표 시 GSP 수혜 지속과 항공 관련 약속 발표에 대한 한국측 요청 및 미국 측 거절
	6. 23 ~ 24	알가이어 대표보 방한 - 문화공보부 문예국장, 과학기술처 기술정책실장, 특허청 차장, 경제기획원 제3협력관과 301조 관련 협의
	7. 1	김경원 주미 대사와 스미스 부대표 면담 - 저작권법 신규 조항 신설 및 국제협약 발효시기 관련 협의

일 자		내 용
1986	7. 7	남홍우 주미 대사관 공사와 알가이어 대표보 면담 - 상기 미결 문제 협의
	7. 16 ~ 20	301조 최종 협의(워싱턴) [자료 4] 한미 301조 실무협상 (워싱턴, 2차 공식회의) (1986. 7.16-20)
	7. 20	최종 합의* [자료 5] 301조 합의문서
	7. 21	한국의 보험시장 및 지식재산권 보호에 관한 미 통상법 301조 조사와 관련된 한미 양국 정부간 합의문서(토의록)에 대한 김경원 주미 대사와 야이터 미 통상대표 간 서명*

| 참 고 문 헌 |

경운범. 2004. "미국 통상법 301조 관련 통상협상의 대응방안,"『창업정보학회지』5(2)
공수진. 2018. "미국 제301조 제도의 개정과 전망,"『국제경제법연구』16(1) 한국국제경
　　제법학회
김기수 편. 1996.『미국통상정책의 이해』서울: 세종연구소
김남두. 1992.『미국의 무역장벽』대외경제정책연구원
김성수. 1998. "한미 통상마찰의 기술정책적 분석,"『한국행정학보』32(3)
김철수. 2014.『통상을 넘어 번영으로』서울: 좋은 땅
김철수. 2019.『통상의 길 50년』김철수 회고록. 서울: 매일경제신문사
백창재. 1994a. "미국 무역정책의 국내정치적 기반: 수퍼301조를 중심으로," mimeo
백창재. 1994b. "미국의 통상정책 결정과정 연구: 보호주의, 자유주의, 수정주의: 미국 무
　　역정책의 사회적 기반,"『미국학』17
백창재. 1994c. "종합무역법의 입법과정," mimeo
변재웅. 1999. "국제통상환경 변화에 따른 미국, EU, 일본, 한국의 통상정책의 특징 및 수
　　단의 차이에 관한 비교연구,"『통상정보연구』1(2)
외무부 통상정책과. 1993. 김만제 부총리겸 경제기획원 장관 미국방문, 1987. 2. 23-38.
　　(등록번호: 21007). 서울: 외무부 통상정책과
외무부 북미과. 2003. Sigur, Gaston J. 미국 국무부 동아시아. 태평양담당차관보 방한,
　　1987. (등록번호: 19890). 서울: 외무부 북미과
이동휘. 2019. "한반도 전략지형 읽어보기: 미중 패권경쟁- 30년 전쟁의 시작,"『외교小
　　考』19. 한국외교협회
이상환. 2000. "전환기의 한미통상관계와 한국의 새로운 대미통상전략: 미국통상대표부
　　(USTR)와 통상협상 전략을 중심으로,"『국제정치연구』3
임혜란. 2003a. "세계화와 한국의 통상산업정책,"『세계화와 한국의 개혁과제』. 윤영관 이
　　근 엮음. 미래전략연구원 7월

임혜란. 2003b. "한·미 자동차 분쟁의 정치경제: 1995년과 1997년 협상의 비교분석"『국제정치논총』43(3) 10월

임혜란. 2004. "한미통상갈등의 정치경제: 자동차 분쟁과 철강분쟁의 비교분석,"『성곡논총』35(하)

임혜란. 2005. "미국 부시행정부의 통상정책: 이념과 이해의 역할,"『한국과 국제정치』12(2)

정문종. 1994.『미국의 통상정책과 슈퍼 301조: 위장된 공정무역』8월 국회보고서

조용길. 1988. "미국의 종합무역법과 우리의 대응방안: 전기통신분야를 중심으로,"『통신정책동향』KISDI 11월

최병선. 1996. "미국 통상정책의 결정과정,"『미국통상정책의 이해』세종연구소

최혁. 2008. '최혁의 통상비사,' 12월 무역협회/무역월보

Baik, Chang Jae. 1993. "Politics of Super 301: The Domestic Basis of U.S. Foreign Economic Policy," a Ph.D. dissertation. University of California at Berkely

Baik, Chang Jae. 1994. "Bush Administration's Implementation of the Super 301 Provision of the 1988 Trade Act: Implications for Korea-U.S. Trade Negotiations," *Korean Social Science Journal* Vol. 10

Baldwin, Robert. 1990. "U.S. Trade Policy, 1945-1988. From Foreign Policy to Domestic Policy," in Charles S. Pearson and James Riedel, eds. *The Directions of Trade Policy*. Basil Balckwell

Bhagwati, Jagdish and Hugh T. Patrick. 1990. eds. *Aggressive Unilateralism: America's 301 Trade Policy and the World Trading System*. U. of Michigan Press

Bhagwati, Jagdish. 1989. "United States Trade Policy at the Crossroads," *World Economy*. 12(4)

Bhagwati, Jagdish. 1993. "It's the process, stupid," *The Economist* 5. 27.

Congressional Quarterly Weekly Reports. 1986 March 8

Destler, I. M. 1992. *American Trade Politics*. 2nd ed, Washington D.C.: Institute of International Economics

Fisher, Roger and William Ury. 1991. *Getting to Yes: Negotiating Agreement Without Giving in.* New York: Penguin Press

Krugman, Paul. 1986. *Strategic Trade Policy and the New International Economics.* MIT Press

Krugman, Paul. 1994. *Peddling Prosperity.* New York and London: W.W. Norton & Company, Inc.

Lawrence, Robert, Charan Devereaux, and Michael Watkins. 2006. *Case Studies in US Trade Negotiation, Volume 1: Making the Rules.* Institute for International Economics

Lennon, Patrick T. 1990. "Economic Issues under the Omnibus Trade and Competitiveness Act of 1988: An Overview," *University of Miami Inter-American Law Review.* 1(1)

Mann, Thomas E. 1990. "Making Foreign Policy: President and Congress," in Thomas E. Mann, ed., *A Question of Balance: The President, the Congress, and Foreign Policy.* Washington D.C.: The Brookings Institution

Mastanduno, Michael. 1998. "Economics and Security in statecraft and scholarship," *International Organization.* Autumn 52(4)

Milner, Helen V. 1988. *Resisting Protectionism: Global Industries and the Politics of International Trade.* Princeton University Press

Richardson, J. David. 1991. U.S. trade policy in the 1980s: turns -- and roads not taken. NBER working paper series. # 3725. 연구자료

U.S. Congress, Senate, Committee on Finance, *Presidential Authority to Respond to Unfair Trade Practices: Hearing on Title II of S.1860 and S. 1862* 99th cong. 2nd seas

외교문서

외무부 경제협력과. *한.미국 경제협의회, 제5차. 서울, 1986.6.23.-24. 전4권. V.4 결과보고*

및 자료. (등록번호: 2015100045) 서울: 외무부 경제협력과

외무부 북미과. *미국 의회 의원 및 의원단 방한, 1987.* (등록번호: 21027) 서울: 외무부 북미과

외무부 북미과. *한.미국 정책협의회, 제7차. Washington, D.C., 1987.9.10-11. 전2권. V.1 기본문서.* (등록번호: 21239) 서울: 외무부 북미과

외무부 북미과. *한.미국 정책협의회, 제7차. Washington, D.C., 1987.9.10-11. 전2권. V.2 참고자료.* (등록번호: 21932) 서울: 외무부 북미과

외무부 북미과. *Cranston, Alan 미국 상원 동아.태평양 소위원장 방한, 1987.8.30-9.2.* (등록번호: 21432) 서울: 외무부 북미과

외무부 북미과. *Sigur, Gaston J. 미국 국무부 동아시아.태평양담당차관보 방한, 1987.* (등록번호: 19890) 서울: 외무부 북미과

외무부 북미과/의전담당관실. Shultz, George 미국 국무장관 방한, 1987.3.6. 전3권. V.1 기본문서. (등록번호: 21614) 서울: 외무부 북미과/의전담당관실

외무부 북미과/의전담당관실. *Shultz, George 미국 국무장관 방한, 1987.3.6. 전3권. V.2 의전.* (등록번호: 21615) 서울: 외무부 북미과/의전담당관실

외무부 북미과/의전담당관실. *Shultz, George 미국 국무장관 방한, 1987.3.6. 전3권. V.3 자료.* (등록번호: 32073) 서울: 외무부 북미과/의전담당관실

외무부 조약과. *한.미국 간의 면.모.인조섬유.실크혼방.기타 식물성 섬유직물 및 섬유제품의 교역에 관한 각서 교환, 1986.11.21 및 12.4 Washington에서 서명: 1986.1.1. 소급 발효 (외무부고시 제126호).* (등록번호: 12578) 서울: 외무부 조약과

외무부 조약과. *미국 통상법 제301조 협상, 1986.* (등록번호: 2015100063) 서울: 외무부 조약과

외무부 조약과/경제협력과. *한.미국 간의 세관 당국간 상호지원 협정. 전2권, 1986.11.3 Washington D.C.에서 서명: 1987.3.10 발효(조약 914호). V.1 교섭철, 1983-85.* (등록번호: 10611) 서울: 외무부 조약과/경제협력과

외무부 조약과/경제협력과. *한.미국 간의 세관 당국간 상호지원 협정. 전2권, 1986.11.3. Washington D.C.에서 서명: 1987.3.10. 발효(조약 914호). V.2 체결철, 1986.* (등록번호: 12503) 서울: 외무부 조약과/경제협력과

외무부 통상정책과. *구매사절단 미국 및 캐나다 방문, 1987.2.26-3.15. 전2권. V.1 기본문서.* (등록번호: 20993) 서울: 외무부 통상정책과

외무부 통상정책과. 구매사절단 미국 및 캐나다 방문, 1987.2.26-3.15. 전2권. V.2 활동보고. (등록번호: 20994) 서울: 외무부 통상정책과

외무부 통상정책과. 구매사절단 미국 방문, 1987. (등록번호: 2015100150) 서울: 외무부 통상정책과

외무부 통상정책과. 김만제 부총리 겸 경제기획원 장관 미국 방문, 1987.2.23-28. (등록번호: 21007) 서울: 외무부 통상정책과

외무부 통상정책과. 미국 통상법 제301조 대EC 적용문제, 1987. (등록번호: 2015100064) 서울: 외무부 통상정책과

외무부 통상정책과. 미국 통상법 제301조 협상대책, 1985. (등록번호: 2014090089) 서울: 외무부 통상정책과

외무부 통상정책과. 미국의 통상입법 동향, 1987. 전4권. V.1 1-2월. (등록번호: 2015100069) 서울: 외무부 통상정책과

외무부 통상정책과. 미국의 통상입법 동향, 1987. 전4권. V.2 3-4월. (등록번호: 2015100070) 서울: 외무부 통상정책과

외무부 통상정책과. 미국의 통상입법 동향, 1987. 전4권. V.3 5-6월. (등록번호: 2015100071) 서울: 외무부 통상정책과

외무부 통상정책과. 미국의 통상입법 동향, 1987. 전4권. V.4 7-11월. (등록번호: 2015100072) 서울: 외무부 통상정책과

외무부 통상정책과. 미국의 한국산 앨범 반덤핑 판정, 1985-86. (등록번호: 2014090054) 서울: 외무부 통상정책과

외무부 통상정책과. 미국의 GSP(일반특혜관세제도), 1986-87. 전4권. V.1 1986.1-5. (등록번호: 2013120012) 서울: 외무부 통상정책과

외무부 통상정책과. 미국의 GSP(일반특혜관세제도), 1986-87. 전4권. V.2 1986.5-7. (등록번호: 2013120013) 서울: 외무부 통상정책과

외무부 통상정책과. 미국의 GSP(일반특혜관세제도), 1986-87. 전4권. V.3 1986.8-12. (등록번호: 2013120014) 서울: 외무부 통상정책과

외무부 통상정책과. 미국의 GSP(일반특혜관세제도), 1986-87. 전4권. V.4 1987. (등록번호: 2013120015) 서울: 외무부 통상정책과

외무부 통상정책과. 사공일 대통령 경제수석 비서관 미국 방문, 1986.12.4-11. (등록번호: 21006) 서울: 외무부 통상정책과

외무부 통상정책과. *지적소유권 보호 강화 대책, 1984-85.* (등록번호: 2013120039) 서울: 외무부 통상정책과

외무부 통상정책과. *한.미국 무역실무위원회 회의, 제5차. Washington D.C., 1987.1.12-14.* (등록번호: 25880) 서울: 외무부 통상정책과

외무부 통상정책과. *한.미국 저작권 관계 실무회의, 1984.11.29-30. 전3권. V.1 84.1-9.* (등록번호: 2013120034) 서울: 외무부 통상정책과

외무부 통상정책과. *한.미국 상공장관 회담, 제11차 및 통상사절단 미국 방문, 1984.3.5-7. 전3권. V.2 결과보고.* (등록번호: 10960) 서울: 외무부 통상정책과

외무부 통상정책과. *한.미국 저작권 관계 실무회의, 1984.11.29-30. 전3권. V.2 84.10-12.* (등록번호: 2013120035) 서울: 외무부 통상정책과

외무부 통상정책과. *한.미국 저작권 관계 실무회의, 1984.11.29-30. 전3권. V.3 회의자료.* (등록번호: 2013120036) 서울: 외무부 통상정책과

외무부 통상정책과. *한.미국 통상협력, 1987.* (등록번호: 25931) 서울: 외무부 통상정책과

외무부 통상정책과. *한.미국 통상협력 및 대책, 1985. 전2권. V.1 3-9월.* (등록번호: 25884) 서울: 외무부 통상정책과

외무부 통상정책과. *한.미국 통상협력 및 대책, 1985. 전2권. V.2 10-12월.* (등록번호: 26849) 서울: 외무부 통상정책과

외무부 통상정책과. *한.미국간 미국 통상법 제301조 관련 협의, 1985-86. 전9권. V.1 1985.11월-1986.1월.* (등록번호: 2015100051) 서울: 외무부 통상정책과

외무부 통상정책과. *한.미국간 미국 통상법 제301조 관련 협의, 1985-86. 전9권. V.2 1986.2월.* (등록번호: 2015100052) 서울: 외무부 통상정책과

외무부 통상정책과. *한.미국간 미국 통상법 제301조 관련 협의, 1985-86. 전9권. V.3 1986.3월.* (등록번호: 2015100053) 서울: 외무부 통상정책과

외무부 통상정책과. *한.미국간 미국 통상법 제301조 관련 협의, 1985-86. 전9권. V.4 1986.4-5월.* (등록번호: 2015100054) 서울: 외무부 통상정책과

외무부 통상정책과. *한.미국간 미국 통상법 제301조 관련 협의, 1985-86. 전9권. V.5 1986.6월.* (등록번호: 2015100055) 서울: 외무부 통상정책과

외무부 통상정책과. *한.미국간 미국 통상법 제301조 관련 협의, 1985-86. 전9권. V.6 1986.7월1일-7월20일.* (등록번호: 2015100056) 서울: 외무부 통상정책과

외무부 통상정책과. *한.미국간 미국 통상법 제301조 관련 협의, 1985-86. 전9권. V.7*

1986.7월21일-7월31일. (등록번호: 2015100057) 서울: 외무부 통상정책과

외무부 통상정책과. *한.미국간 미국 통상법 제301조 관련 협의, 1985-86. 전9권. V.8 1986.8-10월.* (등록번호: 2015100058) 서울: 외무부 통상정책과

외무부 통상정책과. *한.미국간 미국 통상법 제301조 관련 협의, 1985-86. 전9권. V.9 후속 조치.* (등록번호: 2015100059) 서울: 외무부 통상정책과

외무부 통상정책과. *GSP(일반 특혜관세제도)에 따른 노동권 보호, 1987.* (등록번호: 2015100036) 서울: 외무부 통상정책과

외무부 통상정책과/북미과. *미국 통상관계 사절단 방한, 1987.* (등록번호: 21020) 서울: 외무부 통상정책과/북미과

외무부 통상1과. *미국 경제관계 인사 방한, 1987.* (등록번호: 2015100065) 서울: 외무부 통상1과

외무부 통상1과. *미국 무역대표부(USTR) 주요인사 방한, 1986-87.* (등록번호: 21017) 서울: 외무부 통상1과

외무부 통상1과. *미국의 대한국 경제제재 법안 추진 동향, 1987.* (등록번호: 2016090578) 서울: 외무부 통상1과

외무부 통상1과. *한.미국 경제협의회, 제6차. Washington, D.C., 1987.6.29-30. 전4권. V.1 사전준비 I.* (등록번호: 2015100046) 서울: 외무부 통상1과

외무부 통상1과. *한.미국 경제협의회, 제6차. Washington, D.C., 1987.6.29-30. 전4권. V.2 사전준비 II.* (등록번호: 2015100047) 서울: 외무부 통상1과

외무부 통상1과. *한.미국 경제협의회, 제6차. Washington, D.C., 1987.6.29-30. 전4권. V.3 결과보고 및 후속조치.* (등록번호: 2015100049) 서울: 외무부 통상1과

외무부 통상1과. *한.미국 경제협의회, 제6차. Washington, D.C., 1987.6.29-30. 전4권. V.4 자료.* (등록번호: 2015100050) 서울: 외무부 통상1과

외무부 통상1과. *한.미국 무역실무위원회 회의, 제6차. Washington, D.C., 1987.6.25-26.* (등록번호: 2015100117) 서울: 외무부 통상1과

외무부 통상1과. *한.미국 의회간 비공식 무역협의체 구성 추진, 1986-87.* (등록번호: 2016070078) 서울: 외무부 통상1과

외무부 통상1과. *한.미국 통상장관 회담, 제12차. 서울, 1987.4.20-21.* (등록번호: 21534) 서울: 외무부 통상1과

외무부 통상1과/통상기구과. *미국의 종합통상법안에 대한 대책, 1987.* (등록번호:

2016090048) 서울: 외무부 통상1과/통상기구과

인터뷰 목록

1. 2019. 6. 25. 한영수 전 상공부 통상정책과장
   - 전 한국 무역협회 전무이사 (2000~2006)
   - 전 경기과학기술대학교 총장 (2009~2014)
   - 전 전주비전대학교 총장 (2015~2019)

2. 2019. 7. 9. 김철수 전 상공부 제1차관보
   - 전 상공자원부 장관 (1993~1994)
   - 전 세계무역기구(WTO) 사무차장 (1995~1999)
   - 전 세종대학교 총장 (2001~2005)

3. 2019. 7. 20. 김기환 전 해외협력위원회 단장
   - 전 상공부 차관 (1983~1984)
   - 전 대한무역투자진흥공사 이사장 (1993~1997)
   - 현 서울파이낸셜포럼 명예회장

4. 2019. 7. 25. 이동휘 전 외무부 경제외교자문관 (1985~1987)
   - 전 외교안보연구원 교수
   - 현 국립외교원 명예교수
   - 현 외교협회 부회장

5. 2019. 9. 6. 최혁 전 외무부 통상정책과장
   - 전 주태국 대사 (2002~2004)
   - 전 주제네바대표부 대사 (2004~2007)
   - 전 WTO 상품무역이사회 의장

| 찾 아 보 기 |